C·H·Beck

PAPERBACK

W0072559

Gabriele Krone-Schmalz

Russland verstehen

Der Kampf
um die Ukraine
und die Arroganz
des Westens

C.H.Beck

Karte auf S. 56 © Peter Palm; Karte auf S. 119 © Redaktion der
Ukraine-Analysen (www.laender-analysen.de) nach einer Vorlage
von http://english.freemap.jp/blankmap/

Originalausgabe

©Verlag C.H.Beck, München 2015
Gesetzt aus der ITC Legacy Serif im Verlag
Druck und Bindung: Pustet, Regensburg
Umschlagabbildung: Porträt: Markus Amon, München;
Hintergrund: Roter Platz mit Kreml © akg-images/
Bildarchiv Monheim
Umschlagentwurf: malsyteufel, Willich
Printed in Germany
ISBN 978 3 406 67525 6

www.beck.de

Inhalt

Vorwort

Wie ist es um die politische Kultur eines Landes bestellt, in der ein Begriff wie «Russlandversteher» zur Stigmatisierung und Ausgrenzung taugt? Muss man nicht erst einmal etwas verstehen, bevor man es beurteilen kann? Verstehen heißt doch nicht automatisch für gut befinden. Wer etwas versteht, begreift Zusammenhänge, kennt Hintergründe und hat auf dieser Basis die Chance zu erklären, was vorgeht und warum.

Es ist schon eine merkwürdige Sache mit dem Russlandbild in Deutschland und im Westen allgemein. Ich rede jetzt nicht von den historischen Zeiten des Kalten Krieges, der klassischen Ost-West-Konfrontation, die wir eigentlich nach Gorbatschows Perestroika-Politik überwunden zu haben glaubten. Ich rede auch nicht von der kurzen euphorischen Phase Ende der achtziger Jahre im Vorfeld der deutschen Vereinigung, die mit dem Begriff «Gorbimanie» kurz und treffend beschrieben werden kann. Ich rede von den letzten zwanzig, fünfundzwanzig Jahren, die eigentlich der Normalisierung der Beziehungen dienen sollten, zum gegenseitigen Vorteil in einer globalisierten Welt.

Wer sich ein Bild machen will, braucht Informationen. Und da kommen die Medien ins Spiel. Der Vorteil einer freien Presse besteht darin, dass sie sich ohne Rücksicht auf Regierungen, wirtschaftliche oder sonstige Interessen äußern kann und dass niemand Angst haben muss, etwas zu drucken oder zu senden, was dem allgemeinen Trend zuwiderläuft. Es reicht aber nicht, Pressefreiheit nur theoretisch zu fordern, es ist harte tägliche Arbeit. Dazu gehören der selbstkritische Blick, die Skepsis vor allzu platten «Wahrheiten», die nur noch Gut oder Böse Platz bieten, und das Bemühen um Differenzierung; und zwar ohne Rücksicht darauf, in welchem Teil der Welt sich etwas abspielt. Ob irgendwo politische Freunde oder Gegner sitzen – das ist keine journalistische Kategorie. Und dass sich Journalisten von ihren eigenen Sympathien und Antipathien so gut wie eben möglich trennen müssen, gehört zum kleinen Einmaleins der Berufsethik. Pressefreiheit bedeutet in jeder Beziehung Unabhängigkeit, von staatlichem und sonstigem Einfluss sowieso, aber auch von so etwas wie Mainstream.

Es muss Journalisten zu denken geben, wenn die Kluft zwischen öffentlicher und veröffentlichter Meinung immer größer wird. Wie kommt es zu diesen Parallelwelten? Ich gebe zu, es beunruhigt mich, wenn «bildungsferne Schichten» (wie es immer so schön umschrieben wird, um sich keinen Ärger einzuhandeln, den man bei einer deutlicheren Wortwahl zwangsläufig bekäme) das Prinzip des mündigen Bürgers in einer Demokratie ad absurdum führen. Aber es schockiert mich zutiefst, wenn Berufskollegen ohne mit der Wimper zu zucken die Urteilsfähigkeit der Gesellschaft insgesamt in Frage stellen und sich weigern, Proteste und Beschwerden von Lesern, Zuhörern und Zuschauern ernst zu nehmen, die sich in nie gekannter Zahl zu Wort melden, weil ihnen einseitige Berichterstattung auffällt und sie sich Sorgen machen angesichts einer verbalen Aufrüstung mit Blick auf Russland. Veröffentlichte Meinung mit Unfehlbarkeitsanspruch? Selbstkritik – Fehlanzeige? Ursachenforschung – zu mühsam und unbequem? Ich weiß, dass sich die Arbeitsbedingungen für Journalisten dramatisch verändert haben. Zeitungen sterben, Fachredaktionen werden durch Pools ersetzt, in denen sich die Kollegen heute um eine Theaterpremiere und morgen um die Einordnung deutscher Außenpolitik kümmern müssen. Das funktioniert nur, wenn man sich an Leitmedien orientiert. Aber wo bleibt die Medien*vielfalt*? Auch sie ist eine wichtige Säule der Pressefreiheit. Und im Fernsehen? Wenn es technisch möglich ist, sofort auf Sendung zu gehen, dann haben es Einwände schwer, die darauf abzielen zusätzliche Recherchen vorzunehmen, die über den Augenschein am Ort des Geschehens hinausgehen. Dann kann man den Kollegen nicht vorwerfen, wenn sie sich mit «vermutlich», «wahrscheinlich», «wohl» und den Aussagen retten, die Leitmedien und Nachrichtenagenturen vorgeben. Aber das alleine erklärt das Phänomen der Parallelwelten nicht.

Wie sieht sie aus, die Unterteilung in Gut und Böse, in West und Ost? Was verraten Sprache und Begrifflichkeiten? Und damit sind wir wieder beim stigmatisierenden Etikett «Russlandversteher». Ich war drauf und dran, dieses Buch «Ich bin ein Russlandversteher ... und das ist gut so» zu nennen. Der Ausspruch des langjährigen Berliner Bürgermeisters Klaus Wowereit dürfte mittlerweile zur Allgemeinbildung gehören: «Ich bin schwul – und das ist gut so.» Das Signal ist klar: sich zu bekennen ohne Rücksicht darauf, ob das Gesagte in der Mitte der Gesellschaft

angekommen ist. Bereit zu sein, sich auseinanderzuset-
zen und zu argumentieren und – nicht zuletzt – diejenigen zu ermutigen, die sich nicht trauen, das, was sie denken und nach intensiver Beschäftigung mit der Materie
für richtig erkannt haben, auch öffentlich zu sagen.

Dank meines weltoffenen Elternhauses war es mir
schon als junger Mensch suspekt, unseren Planeten in
Gut und Böse einteilen zu sollen. Die Denkschule des
Kalten Krieges war mir zu eng. Und so verwundert es
nicht, dass ich mich sowohl in meiner Magisterarbeit als
auch in meiner Dissertation mit Freund-Feind-Bildern
beschäftigt habe. Das sensibilisiert für Sprache und doppelte Standards, die automatisch angewandt werden und
durchaus nicht zwangsläufig aus böser Absicht resultieren.

Die Welt wächst zusammen – nicht auf der Grundlage
gemeinsamer Werte oder gemeinsamer Interessen, sondern aufgrund von schnellen Verkehrsmitteln, die Dis-
tanzen schrumpfen lassen, von Unmengen an Informationen, die in ihrer schnellen Verbreitung journalistisch
nicht mehr überprüft werden können, und das alles auf
der Basis gegenseitiger wirtschaftlicher Abhängigkeiten.
Wenn das alles so ist und eine Welt militärisch in der Lage
ist, alles, wirklich alles an Leben auszulöschen – wenn
nicht jetzt, wann dann ist es nötig, die Akteure der Geo-
politik, einschließlich Russland, in ihrem Handeln oder
Nichthandeln zu verstehen, um keine falschen Entscheidungen zu treffen.

Ganze Branchen verdienen ihr Geld damit interkultu-
relles Training anzubieten, indem sie auf Be- und Emp-
findlichkeiten von Menschen in anderen Gesellschaften

hinweisen, die man kennen sollte, will man gemeinsam etwas erreichen. Simple Missverständnisse wachsen sich zu unüberwindlichen Stolpersteinen aus, sobald man Zusammenhänge und Hintergründe nicht kennt.

Wenn Wladimir Putin, und nicht nur er, sagt: «Der Zusammenbruch der Sowjetunion war die größte Katastrophe seit dem Zweiten Weltkrieg», dann lohnt es sich, diesen Satz ernst zu nehmen. Er ist zentral, wenn man die russische Perspektive verstehen und sich nicht mit einer absolut gesetzten westlichen Deutungshoheit zufriedengeben will, die darin lediglich rückwärtsgewandtes Denken und imperialistische Ansprüche Moskaus sieht.

Ich werde in diesem Buch anhand konkreter Geschichten genau das versuchen: Ereignisse – auch die in der Ukraine – aus verschiedenen Blickwinkeln zu schildern. Die wesentlichen Stationen der letzten zwanzig, fünfundzwanzig Jahre, die das Leben russischer Menschen total verändert haben. Ihnen wurden drei Revolutionen gleichzeitig zugemutet – der Begriff Reform wäre zu harmlos dafür. Die erste: von der Planwirtschaft zur Marktwirtschaft. Das alleine ist ein Kraftakt, den sich Menschen in westlichen Gesellschaften in all seiner Dramatik kaum vorstellen können. Die zweite: von der Diktatur der Kommunistischen Partei zu rechtsstaatlichen Strukturen. Eine solche Prozedur gelingt nicht auf Knopfdruck. Schon gar in einem Land, das sich über elf Zeitzonen erstreckt und das von der Zarenherrschaft nahezu übergangslos unter die Knute einer despotischen Partei geraten ist. Die dritte: von der Sowjetunion zum Nationalstaat. Wenn sich plötzlich ca. 25 Millionen Russen außerhalb

der eigenen Landesgrenzen befinden und sich in neuen
souveränen Staaten behaupten müssen, in denen weite
Teile der Gesellschaft nur darauf gewartet haben, es «den
Russen» endlich heimzuzahlen, dann lässt sich das nicht
einfach beiseitewischen. Auch die dadurch entstehenden
Probleme müssen ernst genommen werden, wenn man
sie lösen will, sonst wachsen und brodeln sie weiter. In
diesen Zeiten hätte Russland eine verständnisvolle Beglei-
tung des Westens gebraucht. Stattdessen begann eine
westliche Drängelei. Kredite und Hilfen wurden an Bedingungen geknüpft, die zwar westlichen Lehrbüchern
entsprachen, aber nicht russischer Realität. Russland
wurde weniger als Partner denn als Konkursmasse behandelt. In die dringend erforderliche neue Sicherheitsarchitektur für ein geopolitisch radikal verändertes Europa
wurde Russland nicht eingebunden, stattdessen erweiter-
te sich die NATO Schritt für Schritt nach Osten. Als Wladimir Putin russischer Präsident wurde, sandte er in Serie
Signale Richtung Westen, was zu der Zeit in Russland innenpolitisch durchaus nicht unumstritten war. Dafür
hat Putin kämpfen müssen. Statt diese Chance zu ergrei-
fen, wurde die mediale und politische Diskussion im
Westen von der KGB-Vergangenheit des neuen Präsidenten dominiert.

Sobald sich in Russland irgendetwas abspielt, was
«wir» im Westen nicht auf Anhieb verstehen, weil uns Zusammenhänge und Hintergründe fehlen, ist ganz schnell
das Feindbild wieder da, das Ende der achtziger Jahre des
vorigen Jahrhunderts für einen Wimpernschlag der Geschichte überwunden zu sein schien. Ich werde in diesem
Buch konkrete Beispiele für das Messen mit zweierlei

Maß anführen, sobald es um Russland geht, und ich möchte dazu beitragen, der Dämonisierung Russlands etwas Substantielles entgegenzusetzen, auf dessen Basis sich jeder sein eigenes Urteil bilden kann. Ich nehme die Chronistenpflicht von Journalisten sehr ernst: so schlicht und so gesichert wie möglich, ohne sofort zu fragen, wer in dieser Angelegenheit die Guten und die Bösen sind. Das habe ich in früheren Büchern mit Michail Chodorkowskij und dem Fall Jukos so gehandhabt, aber auch mit Tschetschenien und dem entsetzlichen Terroranschlag auf eine Schule in der nordossetischen Kleinstadt Beslan, der fast 400 Tote forderte. Fakten und Sichtweisen liefern, stets eingedenk der Tatsache, dass es viele Wahrheiten gibt.

Als Willy Brandt, der zusammen mit Egon Bahr Historisches in der deutschen Ostpolitik geleistet hat, 1989 in Moskau die Ehrendoktorwürde der Lomonossow-Universität zuteil wurde, hat er Michail Gorbatschow gefragt, was er sich in diesen schwierigen Zeiten vom Westen wünsche. Gorbatschows Antwort: Verständnis.

1. Kapitel

Der Auftakt oder: Wie alles anfing

Haben Sie einmal darauf geachtet, wie in Politik und Medien beim Thema Ukraine mit den Begriffen EU und Europa umgegangen wird? In gefühlten neunzig Prozent der Fälle müsste es EU und nicht Europa heißen. Aber diese Begriffe lösen Unterschiedliches aus, weil sie unterschiedlich besetzt sind. Platt formuliert: Europa stellt einen Wert dar, die EU eher ein Ärgernis und zunehmend ein Risiko. Es sind diese entlarvenden unterschwelligen Wertungen, die immer wieder zeigen, wie tief das negative Russlandbild sitzt. Denn wer wollte ernsthaft behaupten, dass Russland nicht zu Europa gehört. Selbst bei Skype ist Russland im Europa-Abo enthalten. Und in Kreuzworträtseln wird Moskau als europäische Hauptstadt gesucht. Aber in der Diskussion um die künftige Orientierung der Ukraine wird aus Europa und Russland ein Gegensatz.

Erinnern Sie sich noch an die Anfänge? Als das EU-Assoziierungsabkommen mit der Ukraine kurz vor der Unterzeichnung stand und dann vom damaligen ukrainischen Präsidenten Viktor Janukowitsch im letzten Moment doch nicht unterzeichnet wurde. Es gab einige Wenige in Politik und Medien, die zu einem sehr frühen Zeitpunkt davor warnten, dass es die Ukraine zerreißen könnte, wenn sie sich zwischen EU und Russland entscheiden muss. Denn genau in diese Situation wurde die Ukraine von Seiten der EU gebracht, wissentlich oder versehentlich, das macht in der Konsequenz kaum einen Unterschied. Die in siebzig Jahren Sowjetunion gewachsenen Wirtschaftsbeziehungen, geliebt oder nicht, sind nicht mit einem Federstrich aus der Welt zu schaffen. Die gegenseitigen Abhängigkeiten zwischen der Ukraine und Russland, geliebt oder nicht, lösen sich nicht dadurch auf, dass die EU mit wirtschaftlichen Chancen und Werten lockt.

Aufgabe von Journalisten ist es, sich dieses umfangreiche, im üblichen Juristendeutsch verfasste, schwer zu verstehende Assoziierungsabkommen durchzulesen oder zumindest mit jemand Vertrauenswürdigem zu sprechen, der sich dieser Mühe unterzogen hat, um über ein paar Dinge zu stolpern. Mehrere Artikel beschäftigen sich ausdrücklich mit «Konvergenz» in Sicherheitsfragen, es ist von der Vertiefung militärischer Zusammenarbeit die Rede, sowie von der «immer tieferen Einbeziehung» der Ukraine in die europäische Sicherheitsarchitektur. Artikel 4, Absatz 2 spricht von «gemeinsamem Krisenmanagement» bei «regionalen Herausforderungen und Schlüsselbedrohungen». Wie soll Russland das verstehen? Und würden Sie das in einem EU-, nicht NATO-Assoziierungsabkommen erwarten?

Journalistisch – nicht politisch – gedacht, muss man stutzig werden und nachfragen. Journalistisch *und* politisch gedacht, könnte man auf die Frage kommen, warum sich Brüssel, Kiew und Moskau nicht an einen Tisch setzen, um gemeinsam zu beraten, wie man das Beste für die Ukraine herausholt (die Ende 2013 faktisch pleite war) und damit letztlich auch das Beste für deren westliche und östliche Nachbarn. Aber dieser Gedanke fand im

Gros der Medien keine Beachtung und EU-Parlamentarier, die sich in den diversen Talkshows die Klinke in die
Hand gaben, wiesen diese Überlegung als absurd, ja gera-
dezu unanständig zurück. Was hat Moskau damit zu
tun? Eben doch eine ganze Menge, wenn man nüchtern
und nicht ideologisch oder anders vorbelastet an die Sache herangeht. Erinnert sich noch jemand daran, dass die
EU 2012 den Friedensnobelpreis verliehen bekam? Für
über sechs Jahrzehnte, in denen sie zur Entwicklung von
Frieden und Versöhnung, Demokratie und Menschenrechten in Europa beigetragen hat.

In diesem unwürdigen Gezerre um die Ukraine – hier
die EU mit ihrem Assoziierungsabkommen, dort Russland mit seiner Zollunion – ist etwas Entscheidendes völlig in den Hintergrund gerückt: die ukrainische Gesellschaft, das ukrainische Volk mit all seinen inneren
Widersprüchen. Fakt ist, dass Viktor Janukowitsch 2010
regulär zum Präsidenten gewählt worden ist, das haben
damals ausländische Wahlbeobachter bestätigt. Fakt ist
aber eben auch, dass er überaus dumm und gierig agiert
hat, so dass er innerhalb kürzester Zeit sowohl die Eliten
als auch weite Teile der Bevölkerung gegen sich aufge-
bracht hat – sowohl im Westen als auch im Osten des
Landes.

Wie kam es zu den Protesten auf dem Maidan? Und
wer hat da überhaupt protestiert? Der allseits unbestritte-
ne Anlass ist klar: Am 28. November 2013 verweigerte Janukowitsch auf einem Gipfeltreffen in der litauischen
Hauptstadt Vilnius die Unterschrift unter das EU-Assoziierungsabkommen, das jahrelang verhandelt worden war.
Die ukrainische Bevölkerung wurde im Übrigen, wie in

vielen anderen europäischen Ländern auch, zu keinem Zeitpunkt an der Entscheidung beteiligt. Ein entsprechendes Referendum lehnte die ukrainische Regierung noch im Oktober 2013 ab. Das könnte auch etwas mit Umfrageergebnissen zu tun haben. Im April 2013 stimmten laut einer Erhebung des Kiewer Rasumkow-Zentrums lediglich 42 Prozent für das EU-Assoziierungsabkommen, ein Drittel (33 Prozent) sprach sich für die Zollunion mit Russland aus, an der auch Weißrussland und Kasachstan beteiligt sind, und ein Viertel der Befragten wollte keines der beiden Modelle (12 Prozent) oder fand es «schwer zu sagen» (13 Prozent). Begeisterung sieht anders aus.

Seit dem Zerfall der Sowjetunion sind nahezu alle Hoffnungen in der Ukraine auf einen besseren Lebensstandard und verlässlichere politische Verhältnisse zerstört worden. Die politische Elite gebärdete sich noch gefräßiger als zu Sowjetzeiten. Die Ukraine wurde nicht mit offenen Armen im Westen aufgenommen, dafür war sie zu groß und geopolitisch zu kompliziert gelegen. Die Menschen mussten feststellen, dass es ihnen auf nahezu allen Gebieten schlechter ging als den Nachbarn in Russland. Ukrainische Oligarchen konnten noch selbstherrlicher agieren, nahezu jeder leistete sich seinen eigenen Fernsehsender. Die Enttäuschungen nach der so genannten «Orangenen Revolution», als sich die vermeintlichen Retter teilweise korrupter benahmen als ihre Vorgänger und sich auf Kosten des Landes heillos zerstritten; die größer werdenden existentiellen Probleme in einem quasi bankrotten Staat; und die Sehnsucht, nach all den Entbehrungen und Unsicherheiten endlich ein normales auskömmliches Leben führen zu können – das war in etwa die Stimmungslage. In dieser Situation, als eine wie auch immer geartete Annäherung an den Westen (wo es den Menschen doch besser geht, wie man weiß) kurzfristig zunichtegemacht wurde, entlud sich der Zorn auf die durch und durch korrupte Führung des Landes, was von den Oligarchen wohlwollend aufgenommen und unterstützt wurde, die durch die schamlose Umverteilung Janukowitschs erheblich benachteiligt worden waren. Der hatte während seiner Amtszeit einträgliche Geschäfte systematisch seinen Söhnen zugeschanzt.

Bei der ersten Demonstrationswelle Ende 2013 ging es nicht um die politische oder gar ideologische Frage West oder Ost, es ging – bei allem Respekt – auch nicht in erster Linie um westliche Werte. Es ging um ein besseres Leben, zu dem letztlich auch die Werte gehören, die der Westen für sich reklamiert, auch wenn er selbst sie nicht selten verletzt, wenn es den eigenen Interessen dient. Aber das ist ein anderes Thema. Umfragen auf dem Maidan, die das unabhängige ukrainische Gorshenin-Institut am 2. Dezember 2013 durchführte, ergaben folgendes Bild: 55 Prozent waren dort, weil sie den Sturz der Regierung wollten, nur 28 Prozent nannten als Grund das EU-Assoziierungsabkommen.

Ein Kardinalfehler des ukrainischen Präsidenten und seiner Regierung bestand darin, die Demonstrationen aussitzen zu wollen. Statt mit diesen friedlich protestierenden Bürgern in einen Dialog zu treten, hat man sie in klirrender Kälte Woche für Woche ignoriert. Wie naiv oder arrogant muss man sein, um nicht zu erkennen, dass die lange Zeit und die eisigen Temperaturen Gewaltbereitschaft fördern, zur Radikalisierung beitragen und für Interessengruppen verschiedenster Art ein gefundenes Fressen darstellen.

Am 30. November, zwei Tage nach der geplatzten Unterzeichnung des EU-Assoziierungsabkommens, harren noch etwa fünfhundert Studenten auf dem Maidan aus. In der Nacht, gegen vier Uhr am 1. Dezember, geht die Polizei mit großer Brutalität gegen sie vor. Es fließt Blut. Ein paar Stunden später sind die Demonstranten nicht etwa verschwunden, sondern der Maidan füllt sich mit Hunderttausenden aufgebrachter Bürger jeden Alters und aller Schichten. Auch jetzt gibt es von Janukowitsch kein politisches Signal, das darauf hindeutet, diese Proteste ernst nehmen zu wollen. Bestehende Oppositionsparteien schließen sich dem Protest an. Da ist die Partei «Vaterland» der ehemaligen Ministerpräsidentin Julia Timoschenko, die zu dem Zeitpunkt noch im Gefängnis sitzt, aber später dazustößt; dann die Partei «Udar» mit dem mehrfachen Boxweltmeister Vitalij Klitschko an der Spitze; sowie die rechtspopulistische Partei «Swoboda». Die große Mehrheit – unabhängige Beobachter sprechen von achtzig Prozent – stellen allerdings parteipolitisch nicht gebundene Oppositionelle, die eine Selbstverwaltung der Maidan-Bewegung gründen. Auch rechtsradikale Splittergruppen gesellen sich dazu, wie etwa der «Rechte Sektor». Manche sprechen von insgesamt etwa fünfhundert Männern (belastbare Zahlen gibt es nicht), die mit Gewehren, Katapulten und Molotowcocktails bewaffnet den bislang mehr oder weniger friedlichen Protesten einen Gewaltstempel aufdrücken.

Ohne sich im Einzelnen um die politischen Wünsche der Demonstranten zu kümmern, geht von außen das große Gezerre um die Ukraine weiter, ungeachtet dessen, wie fahrlässig und überaus gefährlich es ist, diese Situation geopolitisch zu instrumentalisieren und die einen gegen die anderen ausspielen zu wollen, ganz gleich von welcher Seite. Nach meinem Verständnis von Journalismus wären Analysen und Kommentare zu diesem wichtigen Thema das Gebot der Stunde gewesen, statt sich – aus welchen Gründen auch immer – auf eine Seite zu schlagen und ein Paradebeispiel dafür abzugeben, was man in der Wissenschaft «selektive Wahrnehmung» nennt. Nur noch das, was man wahrnehmen möchte, was den eigenen Vorstellungen entspricht, findet den Weg ins Bewusstsein, alles andere wird ausgeblendet. Menschen, auch Journalisten, funktionieren so. Aber der Beruf des Journalisten erfordert es, sich dessen bewusst zu sein und gegenzusteuern, so gut wie möglich. Es hat ja Gründe, warum sich in bisher nie gekannter Zahl Leser, Hörer und Zuschauer bei den jeweiligen Medien über einseitige Berichterstattung beschweren und der ansonsten eher dezent agierende Programmbeirat der ARD in einem internen Papier von «antirussischen Tendenzen» spricht und Versäumnisse bei der Erklärung von Hintergründen und Zusammenhängen auflistet. Einzelne Beiträge, die sich um eine umfassende Sichtweise bemühen, können das festgefahrene Bild von eindeutig Guten und eindeutig Bösen nicht nachhaltig korrigieren.

Im Folgenden geht es mir darum, ein paar Dinge sauber auseinanderzuhalten, Ursache und Wirkung nicht zu verwechseln und darauf zu achten, nicht mit zweierlei Maß zu messen. Ich werde das am Beispiel der Krim in groben Zügen darlegen. Fakt ist, dass die Krim eine sehr wech-

selvolle Geschichte hinter sich hat, aber seit Ende des
18. Jahrhunderts Teil des Russischen Reiches gewesen ist.
Nikita Chruschtschow hat sie dann 1954 der damaligen
Sowjetrepublik Ukraine geschenkt. Anlass war der Jahrestag der 300-jährigen Zugehörigkeit der Ukraine zum Russischen Reich. Die Gründe lagen auf innenpolitischem
und wirtschaftlichem Gebiet. Chruschtschow war selbst
Ukrainer, und innerhalb der damaligen Konstellation
spielte diese Verschiebung keine allzu große Rolle, denn es
passierte unter dem Dach der Sowjetunion. Als diese dann
1991 zerfiel, erwies sich die zur Ukraine gehörende Krim
als gravierendes Problem. Dort war die Schwarzmeerflotte
stationiert, und deren Oberbefehlshaber saß in Moskau
und nicht in Kiew. Es bedurfte intelligenter internationaler Verhandlungen, um zu einer Lösung zu kommen, die
dann folgendermaßen aussah: Die Krim erhält einen Sonderstatus, die Flotte bleibt da und bleibt russisch und Sewastopol ist de facto russisch. Das hat über die Jahre mehr
oder weniger gut funktioniert. Es kann natürlich dann
nicht mehr funktionieren, wenn sich die geopolitische
Lage der Ukraine dramatisch verändert. Wie naiv oder arrogant – auch hier treffen diese beiden bereits mit Blick
auf den ukrainischen Präsidenten Janukowitsch gebrauchten Begriffe zu –, wie naiv oder arrogant muss man sein,
um diese Zusammenhänge im Vorfeld eines EU-Assoziierungsabkommens, das die Ukraine faktisch in den Westen
«rüberzieht», nicht im Blickfeld zu haben.

Noch 2010 wurde der geltende Pachtvertrag zwischen
der Ukraine und Russland, der 2017 ausgelaufen wäre, bis
2042 verlängert. Im Gegenzug verpflichtete sich Moskau
zu günstigen Gaslieferungen. Nicht unerwähnt bleiben

sollte auch, dass der westlich orientierte ukrainische Präsident Viktor Juschtschenko 2008 im Rahmen des Georgienkrieges damit drohte, die Häfen der Krim für die
russische Flotte zu sperren. Die strategische Bedeutung
der Krim musste also jedem klar sein.

Im Zeitraffer: Auf dem Maidan in Kiew weiten sich die
Proteste aus, Demonstranten besetzen den Platz dauerhaft, später auch Verwaltungs- und Regierungsgebäude.
Scharfschützen tauchen auf, deren Herkunft bis heute
nicht abschließend geklärt ist. Wie auch, wenn ein Gene-
ralstaatsanwalt mit der unabhängigen Untersuchung be-
traut wird, der selbst Mitglied der Partei «Swoboda» ist,
also Vorgänge prüfen soll, die teilweise seinen eigenen
Leuten angelastet werden? Interessiert noch irgendjemanden das Ergebnis? Jedenfalls gibt es Tote und Verletzte und dann kommt der 21. Februar 2014. Der deutsche
Außenminister Frank-Walter Steinmeier und seine Kollegen aus Frankreich und Polen reisen nach Kiew, und es
gelingt ihnen, Janukowitsch davon zu überzeugen, ein
Abkommen mit der Opposition zu unterzeichnen. Darin
wird Folgendes vereinbart: Janukowitsch zieht die Polizei
zurück, im Gegenzug räumt die Opposition die besetzten
Gebäude, für Dezember werden Wahlen angekündigt
und zwar nicht nur Parlaments- sondern auch Präsidentschaftswahlen, was Janukowitsch zuvor kategorisch abge-
lehnt hatte. Darüber hinaus werden die Rückkehr zur
Verfassung von 2004, die dem Präsidenten weniger Voll-
machten einräumt, und eine Verfassungsreform vereinbart. Bis dahin übernimmt eine Übergangsregierung, die
alle Kräfte des Landes repräsentieren soll, die Geschäfte.
Garant für dieses Abkommen ist die EU.

So weit die gute Theorie. Aber was passiert? Die schlichte Chronologie der Ereignisse liest sich so: Janukowitsch zieht die Polizeikräfte ab; die Selbstverwaltung der Maidan-Demonstranten beschließt, nicht zu räumen, im Gegenteil, es folgt ein Sturm auf weitere Gebäude. Die Lage ist mehr als unübersichtlich, Janukowitsch flieht und wird von seinen Gegnern noch am 22. Februar abgesetzt. Laut Protokoll stimmen 328 von 450 Abgeordneten dafür, obwohl nur 248 als anwesend registriert sind. In diesem Durcheinander formiert sich anschließend eine Regierung, die sich von einem Parlament bestätigen lässt, dessen Abgeordnete keinen freien Zugang zu ihrer Arbeitsstätte haben, in deren Reihen vor allem gewählte Vertreter der Partei der Regionen aus dem ukrainischen Süden und Osten fehlen und in dem sich die verbliebenen Mitglieder dieser Partei angesichts der aufgebrachten Massen vor der Tür verunsichert und verängstigt der Opposition anschließen.

Laut Verfassung hätte das Parlament die Möglichkeit gehabt, Janukowitsch im Rahmen eines festgelegten Verfahrens seines Amtes zu entheben und damit einen juristisch einwandfreien Präsidentschaftswechsel einzuleiten. Das ist nicht geschehen. Zum einen wurde das erforderliche Prozedere nicht eingehalten, das eine Prüfung durch das Verfassungsgericht vorsah, zum anderen wurde die notwendige Dreiviertelmehrheit bei der Abstimmung, wenn auch knapp, verfehlt. Denn dafür wären 338 Stimmen nötig gewesen. Der für das Amt des Präsidenten vorgesehene Alexander Turtschinow war zudem erst in derselben Sitzung zum neuen Parlamentspräsidenten ernannt worden und hat die Resolution 764-VII, mit der Janukowitsch seines Amtes enthoben wurde, in dieser Eigenschaft selbst unterzeichnet.

Juristisch handelt es sich also durchaus um einen Staatsstreich, für den es politische Argumente geben mag. Aber es gibt denjenigen neue Nahrung, die dem Westen vorwerfen, er nehme rechtsstaatliche Verfahren nur nach Interessenlage ernst: In Kiew hat alles seine Ordnung, aber in der Ostukraine sind «selbsternannte» Bürgermeister am Werk und die Verfahren auf der Krim sind ohnehin illegitim.

Eine der ersten Aktionen des Parlaments nach der Absetzung von Janukowitsch besteht darin, Russisch als Amtssprache abzuschaffen. Erst 2012 war ein Gesetz erlassen worden, das Russisch wie auch andere Sprachen nationaler Minderheiten als Amtssprache zuließ und zwar regional begrenzt, wenn sie für mehr als zehn Prozent der dort ansässigen Bevölkerung Muttersprache waren. Als das Gesetz verabschiedet wurde, kam es im Parlament zu Schlägereien. Diejenigen, die diesen Akt als Verrat begriffen, ließen ihren Emotionen freien Lauf. Ukrainische Nationalisten kämpften weiter vehement gegen das Gesetz, und es ist alles andere als ein Zufall, dass es bereits am 23. Februar durch einen Mehrheitsbeschluss des Parlaments abgeschafft wird. Das Verbot tritt nur deshalb nicht in Kraft, weil sich der Übergangspräsident Alexander Turtschinow weigert, das Gesetz zu unterzeichnen. Am 3. September billigt die Regierung des seit 27. Februar 2014 amtierenden, neuen Ministerpräsidenten Arsenij Jazenjuk einen Gesetzentwurf, der den 2010 per Gesetz festgeschriebenen blockfreien Status der Ukraine aufheben und damit perspektivisch einen NATO-

Beitritt ermöglichen soll. Am 23. Dezember wird er vom Parlament verabschiedet. Bereits am 21. März hatte der politische Teil des EU-Assoziierungsabkommens in einer feierlichen Zeremonie alle erforderlichen Unterschriften erhalten. Am 27. Juni folgt der wirtschaftliche Teil, und im September tritt das Assoziierungsabkommen in Kraft. Das geplante Freihandelsabkommen soll bis Ende 2015 folgen. Mit der Vereinbarung vom 21. Februar hat all das nichts mehr zu tun.

Die Mehrheit der russischsprachigen Bevölkerung der Ukraine, schon gar auf der Krim, betrachtet diese Entwicklungen mit Sorge. Wer ist das, der da die künftigen Geschicke des Landes bestimmt? Bricht sich da etwas Bahn, vor dem man Angst haben muss? Bekommen die Chauvinisten auf dem Maidan die Oberhand? Geht es in der Tradition der 1929 gegründeten OUN (der «Organisation der Ukrainischen Nationalisten») weiter, die mit antirussischen Parolen hantierte, nach denen Russen am nächsten Laternenpfahl aufgeknüpft werden sollten? Schließlich versteht sich der «Kongress Ukrainischer Nationalisten» als offizielle Nachfolgeorganisation. Auch wenn sich das russische Staatsfernsehen in seiner Berichterstattung auf die Ängste gestürzt und sie dadurch verstärkt hat – diese Gemengelage allein als russische Propaganda abzutun, zeugt nicht von Sachkenntnis; weder historisch noch politisch.

Es ist ein Trugschluss anzunehmen, alle Menschen dieser Welt wünschten sich nichts sehnlicher als zum Westen zu gehören und nach dessen Regeln zu leben. Ob Menschen aus dem Westen das gefällt oder nicht: Wenn man Menschenrechte ernst nimmt, darf man sich selbst nicht als das Maß aller Dinge begreifen.

Weiter in der Chronologie: Auf der Krim kommt es am 27. Februar zu einem Machtwechsel, dessen genaue Umstände umstritten sind. Fest steht lediglich, dass am 26. Februar vor dem Parlament in Simferopol zwei Demonstrationen stattfanden, eine *für* Kiew, die mehrheitlich aus Krimtataren bestand, und eine *gegen* Kiew, in der im Wesentlichen Kosaken mit prorussischen Parolen vertreten waren. Bei diesen Demonstrationen kamen zwei Menschen zu Tode: Ein alter Mann wurde tot aufgefunden, der einen Herzinfarkt erlitten haben soll und eine Frau soll in der Menge «zerdrückt» worden sein. Mehrere Verletzte waren auch zu beklagen. Anlass für die Demonstrationen war eine angekündigte außerordentliche Sitzung des Krimparlaments, die dann doch nicht stattgefunden hat, angeblich wegen zu geringer Beteiligung, aber auf der Beschlüsse gegen die Kiewer Regierung auf der Tagesordnung standen. Am frühen Morgen des 27. Februar war das Parlamentsgebäude von bewaffneten Kräften besetzt, über deren genaue Identität gestritten wird. So genannte «Selbstverteidiger» sind auf Bildern zu erkennen und uniformierte Miliz. Getarnte russische Streitkräfte sollen laut Kiew auch beteiligt gewesen sein, was Moskau bestreitet. Jedenfalls wird sofort die russische Fahne auf dem Parlamentsgebäude gehisst und die Besetzer verweigern – analog der Vorgänge auf dem Maidan – jegliche Verhandlung mit dem amtierenden Ministerpräsidenten der Krim, der noch am selben Tag vom Parlament abgesetzt wird. Kiew bezweifelt die Rechtmäßigkeit, da die Sitzung nicht öffentlich gewesen sei. Journalisten hätten keinen Zutritt gehabt und mit Blick auf die tatsächlich Anwesenden stehe die Beschlussfähigkeit in Frage.

Für den 25. Mai wird ein Referendum anberaumt, in dem sich die Bevölkerung zum künftigen Kurs der Krim äußern soll. Der Termin wird später auf den 16. März vorgezogen. Als das Ergebnis des Referendums feststeht, stellt die Übergangsregierung der Krim den Antrag, in die Russische Föderation aufgenommen zu werden, der Antrag wird angenommen und die Eingliederung in einem feierlichen Akt in Moskau vollzogen.

USA und EU verhängen daraufhin Sanktionen und drohen weitere an. Ohne das offiziell verkündete Ergebnis von 97 Prozent kritiklos zu übernehmen, spricht allerdings zu diesem Zeitpunkt vieles dafür, dass die Stimmung auf der Krim tatsächlich mehrheitlich gegen die amtierende Regierung in Kiew und für eine engere Anlehnung an Russland ist. Das Pew Research Center, ein angesehenes amerikanisches Meinungsforschungsinstitut, hat Anfang Mai 2014 Zahlen veröffentlicht, die im April 2014 auf der Krim erhoben wurden. Demnach gaben 91 Prozent der befragten Einwohner an, das Referendum sei frei und fair verlaufen. 88 Prozent sprachen sich dafür aus, dass Kiew das Ergebnis des Referendums und damit die Sezession der Krim anerkennen solle. Darüber hinaus hatten 93 Prozent Vertrauen zu Putin und 92 Prozent sagten, dass Russland eine positive Rolle auf der Krim spiele.

Ich hatte in jenen Tagen eine schon länger vereinbarte Vortragsveranstaltung in einer deutschen Großstadt und nach der üblichen Diskussion mit dem Publikum, habe ich einem Kollegen einer großen deutschen Zeitung ein Interview gegeben. Es lief alles problemlos, kollegial und professionell. Der folgende Text sollte erscheinen:

Frage: Frau Krone-Schmalz, hat sich Russland die Krim geholt, um den Verlust der Ukraine zu kompensieren?

Antwort: Es handelt sich hier nicht um ein Schachspiel. Es würde helfen, in der Außenpolitik mit Interessen weniger heuchlerisch umzugehen, also den eigenen Interessen nicht moralische oder humanitäre Deckmäntelchen umzuhängen, damit die Interessen besser aussehen. Im Fall der Ukraine wäre es für alle Seiten besser gewesen, eine tragbare Lösung zu finden und dem Land die Wahl zwischen Westorientierung und Russland zu ersparen.

Frage: War es klug von Putin, sich die Krim unter den Nagel zu reißen?

Antwort: Die Krim ist ureigenes russisches Land. Was Putin getan hat, ist keine Landnahme, sondern Notwehr unter Zeitdruck. Ich werfe dem Westen vor, die Bedeutung der Halbinsel für Russland nicht richtig eingeschätzt zu haben – emotional, militärisch, geostrategisch. Da kann man nicht so einfach drüber hinweggehen. Ich halte auch den Vorwurf, Russland habe gegen das Völkerrecht verstoßen, nach diversen Gesprächen mit Völkerrechtlern nicht für berechtigt. Sanktionen zu verhängen, bringt nichts. Sie treffen im Zweifel immer die Falschen.

Frage: Aber den Aufschrei des Westens hat Putin offenbar unterschätzt?

Antwort: Welcher Politiker nimmt auf einen Aufschrei Rücksicht? Das haben die US-Präsidenten Bush und Obama auch nicht getan. Fakt ist, dass man im Westen Russland entweder nicht ernst genommen oder ignoriert hat. Dann muss man sich nicht wundern, dass Moskau jetzt so reagiert, wie es reagiert. Es kann nicht hinnehmen, dass neben der Schwarzmeerflotte auf einmal NATO-Kräfte auftauchen. Ich hoffe sehr, dass der Konflikt friedlich beigelegt wird.

Dieses Interview wurde zur Überraschung sowohl des

Kollegen als auch der Ressortleitung nach einer Intervention des Chefredakteurs nicht gedruckt. Es handelte sich ausdrücklich nicht um ein Platzproblem.

Im Interview hatte ich das Thema Völkerrecht kurz angesprochen, das im vorliegenden Fall von zentraler Bedeutung ist. Die Begriffe «Völkerrechtsverletzung» und «Annexion» sind mit Blick auf Russland in aller Munde, aber so einfach ist die Sache nicht. «Annexion» hat eine schwerwiegende Bedeutung, denn sie verleiht der internationalen Völkergemeinschaft das Recht, militärisch einzugreifen. Mit anderen Worten: Das Gewaltverbot als grundsätzliches Prinzip des Völkerrechts kann bei einer Annexion ausgehebelt werden. Sie erinnern sich vielleicht an die Situation 1991, als der Irak unter Saddam Hussein Kuwait annektiert hat. Das war eine klassische Annexion. Die Iraker sind einmarschiert und haben sich fremdes Staatsgebiet einverleibt. Wir alle wissen, wozu das geführt hat: zu einem massiven Militärschlag gegen den Irak, zum Krieg. Es empfiehlt sich also, mit Sprache und Begrifflichkeiten präzise umzugehen.

Hat Russland völkerrechtliche Ansprüche der Ukraine verletzt? Ja. Zu diesem Schluss ist der Strafrechtler und Rechtsphilosoph Reinhard Merkel gekommen (FAZ vom 7.4.14). Doch die Sachlage ist, wie er in beeindruckender Weise darlegt, kompliziert: «Hat Russland die Krim annektiert? Nein. Waren das Referendum auf der Krim und deren Abspaltung von der Ukraine völkerrechtswidrig? Nein. Waren sie also rechtens? Nein; sie verstießen gegen die ukrainische Verfassung (aber das ist keine Frage des Völkerrechts). Hätte aber Russland wegen dieser Verfassungswidrigkeit den Beitritt zur Krim nicht ablehnen

müssen? Nein.» Denn was hat Russland mit der ukrainischen Verfassung zu tun? «Jedenfalls seine militärische
Präsenz auf der Krim außerhalb seiner Pachtgebiete dort
war völkerrechtswidrig. Folgt daraus nicht, dass die von
dieser Militärpräsenz erst möglich gemachte Abspaltung
der Krim null und nichtig war und somit deren nachfol-
gender Beitritt zu Russland doch nichts anderes als eine
maskierte Annexion? Nein.»

Laut Merkel war das, was sich auf der Krim abgespielt
hat, eine Sezession, eine Abspaltung, eine Unabhängig-
keitserklärung, bestätigt durch ein Referendum. Nach
der Abstimmung hat die Krim die Aufnahme in die Russische Föderation beantragt und Moskau hat zugestimmt. Bei aller Kritik und bei allem Unbehagen: Es gibt
deutliche Unterschiede zu einer gewaltsamen räuberi-
schen Landnahme wie im Fall Kuwaits, weshalb man mit
dem Begriff Annexion vorsichtig umgehen sollte. Und
das ist deshalb so wichtig, ich wiederhole das gerne, weil
Annexion die Internationale Gemeinschaft zu kriegeri-
schem Einsatz ermächtigt.

Jetzt zu den Begriffen Sezession und Referendum. Se-
zessionskonflikte sind eine Angelegenheit nationalen
Rechts und nicht internationalen Rechts. Wenn sich in
Spanien die Katalanen abspalten wollen, dann verstößt
das gegen spanisches Recht, aber nicht gegen Völkerrecht.
Ähnlich verhielt es sich in Schottland, wo das Parlament
nur durch einen Kompromiss mit der Zentralregierung
(die genaue Fragestellung wurde von London vorge-
schrieben) eine legale Basis für das im September 2014
abgehaltene Referendum erwirken konnte. Die Abspaltung wurde durch eine äußerst knappe Mehrheit von

55 Prozent verhindert. So oder so – es war keine Frage
des Völkerrechts. Im Völkerrecht kommt Sezession überhaupt nicht vor. Deshalb seien Sie skeptisch, wenn Ihnen
jemand erzählen will, das Völkerrecht verbiete Sezession.
Sie ist kein Gegenstand des Völkerrechts, sie ist weder
ausdrücklich erlaubt noch verboten. Das ist logisch und
letztlich ganz einfach zu erklären. Der entscheidende Unterschied zwischen Völkerrecht und innerstaatlichem
Recht besteht darin, dass Legislative und Exekutive im
Grunde identisch sind. *Die* Staaten geben sich Regeln und
die Staaten sorgen für die Einhaltung oder eben auch
nicht. Es liegt auf der Hand, dass es nicht im Interesse von
Staaten ist, ihr eigenes Territorium zur Disposition zu
stellen. Deshalb ist Sezession nicht ausdrücklich erlaubt.

Die Staaten können es allerdings auch nicht ausdrücklich verbieten – deshalb kommt es nicht vor –, denn ein
Verbot würde dem allgemein anerkannten Recht auf
Selbstbestimmung massiv widersprechen. Das wiederum
kommt im Völkerrecht vor. Wenn man sagt: Das Völkerrecht gibt der Krimbevölkerung nicht das Recht zur Sezession, dann stimmt das, aber der Schluss, das Verhalten
sei somit völkerrechtswidrig – der stimmt eben nicht,
doch damit lässt sich hervorragend Politik machen. Und
zwar so: Es gibt kein Recht auf Sezession, das Referendum ist ein Bruch des Völkerrechts, deshalb unwirksam,
und so ist der Beitritt zu Russland nichts anderes als eine
Annexion durch Russland. Diese Ableitung hört sich logisch an, nicht wahr? Sie ist dennoch grundfalsch. Mit
dieser Ableitung wird Politik gemacht. Und um das zu
erklären – dazu sind Journalisten in unserem System da.

Der Internationale Gerichtshof in Den Haag – das

sollte in diesem Zusammenhang nicht unerwähnt bleiben – hat im Juli 2010 auf eine entsprechende Anfrage
Serbiens hin festgestellt, dass die einseitige Unabhängig-
keitserklärung des Kosovo im Februar 2008 das «allgemeine internationale Recht nicht verletzt» habe. Ob eine
Sezession von der internationalen Gemeinschaft anerkannt wird oder nicht, ist also eine politische und keine
juristische Frage.

In der Debatte wird Russland zudem immer wieder
vorgeworfen, das Budapester Memorandum verletzt zu
haben. Dieses wurde 1994 – also drei Jahre nach dem Zerfall der Sowjetunion – im Rahmen einer KSZE-Konferenz
erarbeitet, in jeweils getrennten Erklärungen von den
USA, Großbritannien und Russland unterzeichnet und
bezieht sich auf Weißrussland, Kasachstan und die Ukraine. Auf dem Territorium dieser seit kurzem souveränen
Länder befanden sich sowjetische Nuklearwaffen, die
dort nach dem Willen der internationalen Gemeinschaft
nicht bleiben sollten. Für den Verzicht auf diese Waffen
garantierte man den drei Staaten ihre Souveränität und
die bestehenden Grenzen. Darüber hinaus legten Artikel
2 und 3 fest, deren politische und wirtschaftliche Unabhängigkeit zu achten. Im Gegenzug erklärten sich die drei
Staaten bereit, dem Atomwaffensperrvertrag beizutreten.
Da Russland als Nachfolgestaat der Sowjetunion berechtigt war, Atomwaffen zu besitzen und in den folgenden
zwei Jahren sämtliche Waffen dieser Art nach Russland
transportiert wurden, war das ursprüngliche nukleare
Gleichgewicht wieder hergestellt. Es gab durch den Zerfall der Sowjetunion keine neuen Nuklearmächte.

Man darf die Frage stellen, wann und durch wen die

Intention dieses Memorandums verletzt wurde. Die westliche Sicht: Russland hat die Krim aus der Ukraine herausgerissen und so das Abkommen gebrochen. Die russische Sicht: EU und USA haben einer gewählten ukrainischen Regierung während der Unruhen auf dem Maidan die Anerkennung entzogen, einen Umsturz akzeptiert und damit ihre Garantiepflichten verletzt.

In der Argumentation fehlt noch das Thema russischer Militärpräsenz auf der Krim. Wie schon erwähnt: Außerhalb der durch den Pachtvertrag zwischen Russland und der Ukraine festgelegten Standorte haben russische Truppen auf der Krim nichts zu suchen. Die russische Militärpräsenz sorgte allerdings zunächst einmal dafür, dass die ukrainischen Soldaten in ihren Kasernen bleiben mussten und das Referendum nicht verhindern konnten. Selbst diejenigen, die immer wieder von Annexion reden, geben in der Regel zu, dass die Stimmung auf der Krim mehrheitlich in Richtung Russland tendiert. Nichtsdestotrotz – zurück zum Völkerrecht – die russische Militärpräsenz war völkerrechtswidrig. Sie verstieß gegen Artikel 2, Absatz 4 der Charta der Vereinten Nationen, der nicht nur die Anwendung, sondern auch schon die Androhung militärischer Gewalt zwischen den Staaten verbietet. Aber handelt es sich deswegen um eine Annexion, die auf derselben Stufe steht, wie Saddam Husseins Einfall in Kuwait oder, weil der Vergleich immer wieder gezogen wird, Hitlers Überfall auf die Tschechoslowakei? Es spricht viel dafür, dass sich die Bevölkerung der Krim tatsächlich von der Ukraine abspalten und Russland anschließen wollte. Spielt diese Willensäußerung völkerrechtlich nicht auch eine Rolle? Wenn man pauschal von Annexion spricht, gehen diese Hintergründe verloren, und es entsteht der Eindruck, als habe sich Russland ein Gebiet gewaltsam und einseitig angeeignet, gegen den Willen aller Beteiligten, nicht nur gegen den Kiews. Genau dieser Eindruck ist offenbar politisch gewollt. Doch ist das klug?

Versuchen Sie zum Abschluss einmal die andere Perspektive: Wenn es immer wieder heißt, was soll man von einem Referendum halten, wenn überall bewaffnete Russen herumstehen, das ist doch nicht frei, dann lohnt es sich, die Gegenfrage zu stellen: Was ist von den Beschlüssen des Kiewer Parlaments zu halten, das erst von bewaffneten Kräften gestürmt wird und dann abstimmt. Frei ist das sicher auch nicht, aber die Beschlüsse in Kiew gefallen uns im Westen besser als die auf der Krim. Haben Sie einmal über Folgendes nachgedacht? Was macht das bei den Menschen in Ländern wie der Ukraine oder auch in Russland für einen Eindruck, wenn sie sehen, wie schnell und wie eindeutig sich der Westen auf eine Seite schlägt – Demokratie hin oder her –, sobald die Chance besteht, das eigene System zu exportieren bzw. den eigenen Einfluss zu erweitern? Denn Fakt ist eben auch, dass zur Zeit des Referendums auf der Krim eine sehr aktive, aber wahrlich nicht repräsentative, geschweige denn demokratisch legitimierte Minderheit in Kiew die Geschicke eines Landes bestimmte, das bis vor Kurzem noch einen gewählten Präsidenten hatte. Es hat übrigens zu einem relativ frühen Zeitpunkt einen Vorschlag aus Moskau gegeben, der Krim einen Sonderstatus zuzubilligen, sie also weder der Ukraine noch Russland zuzuschlagen. Aber das hat niemanden interessiert.

2. Kapitel

Mit zweierlei Maß – eine unendliche Geschichte

Sprache kann so entlarvend sein: In Kiew hatten wir es mit einem Interimspräsidenten zu tun; auf der Krim hingegen mit einem illegitimen Ministerpräsidenten; und in der Ostukraine mit selbsternannten Bürgermeistern. Wer definiert und entscheidet, ob es sich um Partisanen, Rebellen, Widerstands- oder Freiheitskämpfer handelt, um Aktivisten, Separatisten, Terroristen? Verharmlosung auf der einen – Dämonisierung auf der anderen Seite. Wir kritisieren Russland, wenn ukrainische Sender auf der Krim abgeschaltet werden. Wir ignorieren, wenn die Ukraine russische Sender abschaltet. Dass in Donezk und Luhansk die empfangbaren Programme wechseln, je nachdem wer gerade die Fernsehtürme in seiner Gewalt hat, kriegen wir erst gar nicht mit. Und von der Anweisung der ukrainischen Regierung an die Polizei, alle öffentlichen Einrichtungen – Schulen, Krankenhäuser etc. – zu überprüfen, ob dort nicht eventuell russische Sender gesehen werden, erfahren wir auch nichts. Prorussisch und russischsprachig – das ist nicht dasselbe, wird aber synonym gebraucht. Gewaltbereite Demonstranten – eine problematische Bezeichnung. Steht ihnen das auf der Stirn geschrieben oder hängt es mit der geografischen Zuordnung zusammen? Demonstranten, die Gewalt anwenden – das ist es doch, was zählt, wenn es zu berichten gilt.

Am 2. Mai 2014 kommt es in der südukrainischen Stadt Odessa zu einem Blutbad – der inflationär gebrauchte Begriff «Blutbad» ist in diesem Fall angemessen. Es kostet mindestens 48 Menschen das Leben, einige Quellen sprechen von über hundert Toten. Über die Zahl der Verletzten – viele von ihnen mit schweren Brandwunden – kursieren sehr unterschiedliche Angaben. In den Fernsehnachrichten ist von «Auseinandersetzungen zwischen Anhängern der Kiewer Zentralregierung und prorussischen Separatisten» die Rede und davon, dass ein Gewerkschaftsgebäude, in dem die meisten Opfer zu beklagen seien, «bei Kämpfen zwischen prorussischen Kräften und ukrainischen Regierungsanhängern in Brand geraten ist». Am 2. Mai empfing der Fußballclub Tschernomorez Odessa seinen Gegner Metallist Charkow zu einem Heimspiel. Fußballrowdies beider Vereine waren auf Krawall aus und entsprechend gerüstet. Als prorussische Jugendliche mit Schlagstöcken auf proukrainische Fußballfans losgingen, hatten sie es aber nicht nur mit Ihresgleichen zu tun, sondern sahen sich einer zahlenmäßig überlegenen Gruppe gegenüber. In Erwartung von Krawallen, in denen sich wegen der aufgeheizten politischen Lage Aggressionen Bahn brechen, die weit über fanatische Fußballgefühle hinausgehen, waren zur Verstärkung zwischen siebzig und hundert (einige sprechen von bis zu dreihundert) Mitglieder des «Rechten Sektors» angereist. Deren Ausrüstung bestand ebenfalls aus Schlagstöcken, aber auch aus Molotowcocktails und Schusswaffen. Seit Wochen campierten auf dem Platz Kulikowo Polje prorussische Demonstranten, die, analog zum Maidan in Kiew, Zelte aufgebaut hatten. Dorthin verlagerten sich die Kämpfe. Die Parole des «Rechten Sektors» lautete: Russen jagen.

Die Zelte werden in Brand gesteckt und die Gejagten flüchten ins angrenzende Gewerkschaftshaus, ein massives Gebäude aus den fünfziger Jahren. Es fliegen Molotowcocktails ins Erdgeschoss und in den ersten Stock. Das Gebäude wird belagert, die Ausgänge brennen, Menschen klettern aus Fenstern, stehen auf Wandvorsprüngen oder stürzen in die Tiefe. Einige von denen, die sich aus dem Gebäude retten können, werden erschlagen. Auf Fenster und Menschen wird von unten scharf geschossen. Die Miliz greift nicht ein, und die Feuerwehr erscheint erst nach vierzig Minuten.

Auch mir ist klar, dass für all diese Einzelheiten in einer zeitlich begrenzten Nachrichtensendung kein Platz ist, aber «Auseinandersetzungen zwischen Anhängern der Kiewer Zentralregierung und prorussischen Separatisten» und die Information, dass ein Haus «bei Kämpfen in Brand geraten ist», führen in die Irre und lösen wie so oft nur den Reflex aus: Die prorussische Seite ist schuld. Dieses Massaker hätte genau wie der Abschuss des malaysischen Flugzeugs im Juli 2014 einen Brennpunkt oder ein heute Spezial verdient gehabt. Das Potential zur Emotionalisierung, um es zynisch auszudrücken, ist vergleichbar. Angesichts einer solch archaischen Brutalität hätten sich die Medien normalerweise überschlagen, aber die Täter passten nicht ins Bild.

Ein Tiefpunkt war erreicht, als es der Begriff «prorussischer Mob» sowohl in die 20 Uhr Tagesschau (12.4.14) als auch in die ARD Tagesthemen (4.5.14) geschafft hatte. Gerade weil mir das öffentlich-rechtliche Fernsehen mit seinem gesetzlich verankerten Auftrag so viel bedeutet, nenne ich die Dinge beim Namen, wohl wissend, mir keine Freunde zu machen. Aber «wir Journalisten» können nicht einerseits bei «Göttern in Weiß» beklagen, dass eine Krähe der anderen kein Auge aushackt, aber andererseits sämtliche Augen zudrücken, wenn es um unseren Berufsstand geht. Auch für die Journalisten gilt, was sie immer beherzt von anderen fordern, nämlich selbstkritisch zu sein, Zivilcourage zu zeigen und Rückgrat zu beweisen. Möglicherweise bin ich im Laufe der Jahre übersensibel geworden für die Wirkung von Sprache. Aber Sprache ist eine subtile Waffe, darüber hat schon Lew Kopelew, der allseits anerkannte russische Schriftsteller und Humanist geschrieben, der 1981 aus der Sowjetunion ausgebürgert wurde und bei Heinrich Böll in Köln unterkam.

Was sich alles mit Sprache machen lässt, zeigt die Geschichte um die westlichen Militärbeobachter, die am 23. April 2014 in der Ostukraine in Geiselhaft geraten sind. Zu Beginn war in den Nachrichten von OSZE-Beobachtern die Rede, dann von OSZE-Militärbeobachtern und als das «OSZE» zunehmend angezweifelt wurde, tauchte plötzlich der Begriff «Wiener Dokument» auf, das die legitime Basis für diesen Einsatz bieten sollte. Die damals etwa 140 OSZE-Beobachter, die in allen Teilen der Ukraine unterwegs waren, konnten zu dieser Zeit unbehelligt ihre Arbeit erledigen. Denn deren Mission ist ein unabhängiges Monitoring diplomatischer Art, von allen Seiten akzeptiert. Ihr Mandat lautet: Dialog fördern und Spannungen abbauen. Noch in der Nacht der Geiselnahme äußerte sich ein Vertreter des OSZE-Krisenpräventionszentrums zum Vorwurf, keine ausreichende Risikoeinschätzung vorgenommen zu haben. Wie konnte das mit der Geiselnahme passieren? Er sagte: Wir haben keine Risikoeinschätzung gemacht, weil es nicht unsere Leute sind.

Abermals ist Präzision gefragt: Die Grundlage, auf der die Militärbeobachter in der Ukraine unterwegs waren, bildet zwar ein OSZE-Dokument, das aber mit der einvernehmlich beschlossenen OSZE-Mission nichts zu tun hat. Nach diesem «Wiener Dokument» dürfen internationale Militärs – selbstverständlich in Uniform – Manöver beobachten sowie reguläre Truppenstandorte und Waffensysteme inspizieren. Dies geschieht in der Regel auf bilateraler Basis und im konkreten Fall erfolgte es auf Einladung der Übergangsregierung in Kiew. Was soll man davon halten, wenn, bis auf eine Ausnahme, NATO-Offiziere unter der Führung eines deutschen Obersten, allesamt in Zivil unterwegs, an den Brennpunkten in der Ukraine herumfahren? Berechtigte journalistische Fragen: Wer hat das wann entschieden? Wer wurde darüber informiert? Wie intelligent im Sinne von deeskalierend war diese Entscheidung? Stattdessen ein heilloses Durcheinander der Begrifflichkeiten, die mehr der Rechtfertigung denn der Aufklärung dienen.

Doppelte Standards lassen sich in der Berichterstattung über Russland immer wieder feststellen. Am 29. Januar 2014 hat der amerikanische Präsident in seiner Rede zur Lage der Nation angekündigt, künftig per Dekret regieren zu wollen, wenn sich Senat und Repräsentantenhaus, die beiden Kammern des Parlaments, gegenseitig blockieren. Das wurde nur berichtet und nicht kritisch kommentiert. Die von den Demokraten dramatisch verlorenen Wahlen im Herbst 2014, die dem politischen Gegner in beiden Kammern die Mehrheit gebracht haben, machen dieses Verfahren unter demokratischen Gesichtspunkten noch zweifelhafter, denn nun geht es nicht mehr nur um ein blockiertes Parlament, sondern um das Aushebeln eines politischen Gegenspielers.

Manche weisen in dem Zusammenhang darauf hin, dass es sich bei den USA schließlich – im Gegensatz zu Russland – um eine Demokratie und einen Partner handele, der Anspruch darauf habe, mit anderen Maßstäben gemessen zu werden. Doch das greift zu kurz und verengt den Blick. Eine demokratische Verfassung garantiert noch lange keine demokratische Verfassungswirklichkeit und umgekehrt. Das beste Beispiel dafür ist der Zustand der Pressefreiheit Ende der achtziger Jahre in der damaligen Sowjetunion. Nie wieder war die Presse so frei und «anständig» wie zu diesen Zeiten, obwohl deren Freiheit nicht per Gesetz geschützt war. Die rechtlichen Grundlagen der sowjetischen Zensur galten noch bis zum 1. August 1990. Erst dann gab es ein Gesetz über Pressefreiheit – sozusagen in den letzten Tagen der Sowjetunion –, das Boris Jelzin im Dezember 1991 für die Russische Föderation unterzeichnete. Jetzt gehörte Pressefreiheit zwar zu den geschützten Gütern, aber in der Realität setzte sich das Recht des (finanziell) Stärkeren in einer Weise durch, von der frühere Parteistrategen nur traumen konnten.

Es geht nicht darum, die USA und Russland in einen Topf zu werfen, sondern darum, mit Ländern, die sich in Transformation befinden, sensibel umzugehen. Jeder weiß, was möglich ist, wenn der politische Wille vorhanden ist und wenn die politischen Akteure sich mit einem gewissen Grundvertrauen begegnen. Menschen in Systemen, die sich in Transformation befinden, und auch deren politische Lenker entwickeln ein feines Gespür dafür, ob ihre Anstrengungen vom Rest der Welt honoriert werden und wie großzügig die Mitglieder der «Weltgemeinschaft» mit ihren eigenen Fehlern und Unzulänglichkeiten umgehen.

Auch das gehört zu den doppelten Standards: Die USA ernten noch fast siebzig Jahre später große Dankbarkeit für ihre Hilfe bei der sowjetischen Blockade Berlins. Auch den Nachgeborenen wird diese grandiose Leistung vermittelt. Der liebevolle Begriff «Rosinenbomber» gehört zum festen Wortschatz. Doch wo bleibt die Dankbarkeit gegenüber Moskau für die deutsche Vereinigung? Es war die Sowjetunion, die das bis zuletzt nahezu Undenkbare gegen große Widerstände unserer europäischen Freunde in Frankreich und Großbritannien möglich gemacht hat. Ohne Rücksicht auf die eigenen innenpolitischen Schwierigkeiten und in vollem Bewusstsein der menschlichen Dramen, die der zeitlich eng kalkulierte Rückzug der Streitkräfte mit sich brachte. Stattdessen wird am 9. Mai 2014, also dem Jahrestag des Sieges über Hitler-Deutschland, im Morgenmagazin vorwurfsvoll festgestellt: «Die Erinnerung an den Faschismus wird in Russland wachgehalten.» Vorwurfsvoll deshalb, weil es in Zusammenhang gebracht wird mit den russischen Befürchtungen, in Kiew mischten zu viele rechtsextreme Kräfte und Faschisten mit. Der Vorwurf lautet also: Russland hält die Erinnerung an den Faschismus wach, damit seine Argumentation in Richtung Kiew funktioniert.

Es ist in Stein gemeißelt – zu Recht – die Erinnerung

an die Verbrechen des Naziregimes an Juden wachzuhalten. Sechs Millionen sind während des Zweiten Weltkriegs der Vernichtung zum Opfer gefallen. Es sollte aber auch in Stein gemeißelt sein, die Erinnerung an die 27 Millionen Toten in der damaligen Sowjetunion wachzuhalten. Für beides tragen Deutsche historische Verantwortung. Wenn also am 9. Mai 2014 in Moskau und anderen russischen Städten der Jahrestag des Sieges über die Faschisten gefeiert wird, der so unendlich viele Menschenleben gekostet und so unermesslich großes Leid über die Bevölkerung gebracht hat, wäre dann nicht etwas mehr Zurückhaltung von deutscher Seite angebracht? Doch statt Verständnis für Sorgen und Ängste vor neu aufkeimenden rechten Kräften in der Ukraine zu zeigen, fallen entsprechende russische Äußerungen im Westen sofort in die Schublade mit der Aufschrift Propaganda, um die Protestbewegung in der Ukraine zu diskreditieren. Wer auf historische Zusammenhänge verweist, gilt hierzulande als Russlandversteher.

Alles und jedes lässt sich propagandistisch ausschlachten, ganz gleich wo auf dieser Welt, und ich würde nie bestreiten, dass dies auch im Kreml praktiziert wird. Das enthebt einen aber nicht, historische Tatsachen und deren traumatische Auswirkungen mit dem gebotenen Respekt zu betrachten. Es ist mehr als taktlos, den russischen Präsidenten mit Hitler zu vergleichen, wenn man bedenkt, dass Wladimir Putins Familie die zweieinhalb Jahre dauernde Blockade Leningrads erlitten hat und einer seiner Brüder dabei sein Leben verlor.

Der verzerrte Blick, sobald Russland involviert ist, zieht sich durch alle thematischen Bereiche. Hat man irgendwo anders nach Olympischen Spielen eine politische Bilanz gezogen statt einer sportlichen? Soweit ich mich erinnere nicht einmal in China. Wenn in Brasilien wegen der Fußballweltmeisterschaft ganze Siedlungen geräumt werden, dann wird das schlicht berichtet. Wenn in Sotschi Bewohner weichen müssen, wird aus jedem einzelnen Akt eine brutale Menschenrechtsverletzung. Das Drama für die Betroffenen dürfte hier wie dort erheblich sein. Aber wenn es um Russland geht, trieft das Barbarische aus jeder Silbe. Es wurde gebetsmühlenartig wiederholt, dass es die teuersten und umstrittensten Olympischen Spiele aller Zeiten seien. Dabei blicken auch Russen durchaus selbstkritisch und humorvoll auf den ausgewählten Ort nach dem Motto: Winterspiele in einer subtropischen Region – das kriegen auch nur wir fertig.

Fakt ist, dass sich die enormen Summen, die aufgewandt wurden, eben nicht nur auf die Errichtung von Sportstätten beziehen oder durch Korruption aufgefressen worden sind, sondern auch gut sichtbar in die gesamte Infrastruktur einer vernachlässigten Region investiert wurden. Aber das interessiert uns nicht. Selbstverständlich ist es die Aufgabe von Journalisten, einen kritischen Blick auf Themen wie Umweltzerstörung, Vertreibung ortsansässiger Bevölkerung und menschenunwürdige Behandlung ausländischer Arbeiter zu werfen. Bei anderen Ländern zeigt sich die mediale Bewertung allerdings weitaus kulanter und vor allem: Die Kehrseite der Medaille, die positiven Elemente, kommen wenigstens vor. Für alles Negative ist natürlich Zar Putin persönlich verantwortlich. Es waren ja auch nicht die Olympischen, sondern Putins Spiele. Bei aller berechtigten Kritik, die Relationen stimmen nicht.

Das beste Beispiel in dem Zusammenhang ist der Hype um das Thema Homosexualität. Was für eine Heuchelei! Will denn niemand mehr wissen, dass sexuelle Handlungen zwischen Männern noch bis 1973 in Westdeutschland generell und seitdem für Männer unter 21 Jahre unter Strafe standen? Und dass der noch aus dem Kaiserreich stammende, Homosexuelle diskriminierende §175 erst 1994 endgültig abgeschafft wurde?

Das ist gerade einmal zwanzig Jahre her und bei uns hat es in den sechziger Jahren eine sexuelle Revolution gegeben – in Russland (noch) nicht. In der Bundesrepublik Deutschland wurden zwischen 1950 und 1994 etwa 50 000 Homosexuelle rechtskräftig verurteilt. Ist es nicht ein Skandal, dass 1972 in München Olympische Spiele ausgetragen wurden, in einem Land, das Menschenrechte mit Füßen trat? Nicht nur bei diesem Thema läuft es immer wieder darauf hinaus, dass eine Gesellschaft ihre eigene Geschwindigkeit herausfinden muss, die sie auf dem Weg der Veränderungen bereit und in der Lage ist zu gehen. Wir sind nicht das Maß aller Dinge.

Der Bundesverband der Schwulen und Lesben hat vor den Spielen in Sotschi einen Aufruf an teilnehmende Sportler und mehrere Personen aus unterschiedlichen gesellschaftlichen Bereichen geschickt, um gegen die Lage der Homosexuellen in Russland zu protestieren. Ich habe diesen Aufruf auch bekommen, ihn sorgfältig durchgelesen und mich entschieden, ihn nicht zu unterschreiben. Dem Verband habe ich Folgendes geantwortet:

Ich möchte Ihren Appell nicht unterzeichnen, Ihnen aber gerne erklären warum.

Als Vorbemerkung: Homosexuelle gehörten schon zu meinem

Freundeskreis als Homosexualität in Deutschland noch unter Strafe stand. Als Teil der 68er-Generation habe ich die gesellschaftliche Entwicklung, die man mit dem Begriff «sexuelle Revolution» bezeichnet, hautnah mitbekommen und ich weiß, wie langwierig dieser Weg war und – stellenweise – immer noch ist. Ich finde, man muss jeder Gesellschaft die eigene Geschwindigkeit zubilligen, mit der sie sich den unterschiedlichen Entwicklungen stellt, und ich kann nicht einerseits von Demokratie reden und andererseits Ergebnisse nicht akzeptieren, die mir nicht in den Kram passen. Fakt ist, dass die entsprechende Gesetzgebung in Russland von der Mehrheit (nicht nur im Parlament) getragen wird. Ebenso Fakt ist, dass die Aufklärungsarbeit von Schwulen- und Lesbenverbänden in Russland eine völlig andere Strategie verfolgte als es von ihren westlichen Counterparts propagiert und regelrecht gefordert wurde. Im Nachhinein betrachtet sieht vielleicht sogar der eine oder andere westliche Ratgeber ein, dass gewisse Aktivitäten zwar medienwirksam, aber mit Blick auf die Sache nicht zielführend waren. (...)

Solche Aufrufe sind mir zu holzschnittartig, zu oberflächlich, zu sehr auf Wirkung (Konfrontation) denn auf die Sache (Kooperation) angelegt. Etwas erreichen zu wollen (Gerechtigkeit, Gleichbehandlung, Menschlichkeit etc.) ist harte Arbeit, die mit solchen Aufrufen – leider – nichts zu tun hat, sonst bekäme sie vielleicht hin und wieder die mediale Aufmerksamkeit, die sie verdiente.

Bekanntlich ist Bundespräsident Joachim Gauck nicht zur Olympiade nach Sotschi gefahren, weder zur Eröffnung noch zur Abschlussfeier. Meines Wissens hat er keine öffentliche Begründung abgegeben, aber seine sonstigen Äußerungen und Verhaltensweisen haben keinen Zweifel daran gelassen, dass es sich nicht um Terminschwierigkeiten handelte. Es war ein Signal wegen der Verletzung der Menschenrechte von Homosexuellen. Es ist sein gutes Recht, sich so zu verhalten. Doch etwa zur gleichen Zeit befand sich der Bundespräsident auf Staatsbesuch in Indien. In jenen Tagen wurde mehrfach über Massenvergewaltigungen von Frauen berichtet, einem Dauerphänomen in der indischen Gesellschaft, unter anderem von einem besonders abstoßenden Fall, in dem ein Dorfältester zur Bestrafung einer jungen Frau eine Massenvergewaltigung angeordnet hat. Auf seiner Reise durch Indien äußerte sich der Bundespräsident etwa folgendermaßen: Deutschland bemerke in Indien nicht nur die positiven Dinge, sondern auch die komplizierten. Das Land stehe vor großen «Herausforderungen mit Blick auf die Diskriminierung von Frauen». Und dann lobte er die demokratischen Errungenschaften dieser – wie es immer heißt – größten Demokratie der Welt. Das Wort Menschenrechtsverletzung kam ihm nicht über die Lippen.

Es sind die vielen Kleinigkeiten, die manchem auf den ersten Blick nicht so dramatisch erscheinen mögen, die aber in ihrer Gesamtheit Wirkung zeigen. Das Bild von Russland und den Russen bleibt eindimensional und ist – nebenbei bemerkt – verletzend für diejenigen, die davon betroffen sind. Wer das für vernachlässigbar hält, sollte die gefährliche Rolle von Feindbildern nicht unterschätzen, gerade in instabilen Zeiten, geprägt von Wirtschaftskämpfen, Streit um Einflusssphären und gegenseitigem Misstrauen. Es ließe sich spielend jede Woche ein aktuelles Bulletin mit neuen Beispielen füllen, die entlarvende Sprache enthalten oder doppelte Standards anwenden. Hier noch einmal eine kleine Auswahl:

Am 17. April 2014 ist um 7.35 Uhr im ZDF Morgenmagazin die Rede von ukrainischem Militär auf der Krim und es heißt: «Die Soldaten wurden entwaffnet oder sollen übergelaufen sein.» Fällt Ihnen etwas auf? Die Entwaffnung wird als Fakt berichtet, das Überlaufen nicht. Wer wird sich schon freiwillig auf die russische Seite schlagen? Das kann doch gar nicht sein.

Am 7. September 2014 lautet eine häufig gemeldete Nachricht: Amnesty International wirft beiden Konfliktparteien – den ukrainischen Truppen und den prorussischen Separatisten – Menschenrechtsverletzungen vor. Erwähnt werden Artilleriebeschuss ohne Rücksicht auf zivile Opfer, Entführungen und Folter. Auch die 20 Uhr Tagesschau hat diese Meldung im Programm: «Armee und prorussische Separatisten werden beschuldigt» heißt es da, aber das Wort «ukrainisch» vor Armee fehlt. Schlampigkeit? Auf jeden Fall nicht korrekt und für den Zuschauer verwirrend.

Bereits Anfang August hatte das UNHCR, das UNO-Flüchtlingshilfswerk, Zahlen veröffentlicht, nach denen bis dahin 285 000 Bürger der Ostukraine vor den Kämpfen geflohen waren. 117 000 hatten innerhalb der Ukraine Asyl gefunden, 168 000 waren nach Russland geflüchtet und dort registriert worden. Dann tauchte plötzlich die Zahl 730 000 auf – nur kurz. Die Zahl stammte von der russischen Migrationsbehörde, die bereits Mitte Juli von 520 000 Flüchtlingen sprach, deren Zahl sich in der zweiten Augustwoche auf die bereits erwähnten 730 000 erhöht habe. Der Reflex ist klar: russische Quelle gleich Propaganda. Ich kann das nicht ausschließen, aber ich kann nachfragen. Wie hat man sich das in der Realität vorzustellen? Unendlich viele russische Familien haben Verwandte und Freunde irgendwo in der Ukraine, auch und gerade in der Ostukraine. Konkreter Fall: Ein Russe fährt mit seiner ukrainischen Partnerin zu deren Verwandten nach Luhansk, lädt die Verwandtschaft ins Auto und nimmt sie mit nach Russland. Zwischen der Ukraine und Russland besteht keine Visumspflicht und man darf sich drei Monate ohne irgendein offizielles Papier in Russland aufhalten. Das nutzen natürlich viele in der Hoffnung, dass der Albtraum bald vorbei ist und man nach der Rückkehr sein Zuhause noch unversehrt vorfindet. Dann gibt es die, die zu lange gewartet haben und in letzter Minute mit ein paar Habseligkeiten fliehen und die, deren Zuhause schon nicht mehr existiert, weil Bomben und Granaten es zerstört haben. In den offiziellen Statistiken tauchen diese Personen nicht auf. – Wäre all das nicht der Nachfrage wert? Warum findet man in unseren Massenmedien dazu nichts? Weil sich niemand vorstellen kann, ausgerechnet nach Russland zu fliehen? Weil man sich dann der Vorgeschichte widmen müsste, was Ukrainisierungspolitik für russischsprachige Menschen bedeuten kann? Weil dann auch Kriegsverbrechen zur Sprache kämen?

Das Thema Ukraine ist nicht das einzige, bei dem alles, was nicht in westliche Argumentationslinien passt, als russische Propaganda abgetan wird. Die Extreme schaden: Alles für bare Münze zu nehmen, wenn es aus Moskau kommt, ist genauso falsch, wie alles für Propaganda zu halten, weil es aus Moskau kommt. Und damit sind wir wieder bei der Aufgabe von Journalisten: Informationen und Einschätzungen erst einmal zur Kenntnis nehmen, sich damit befassen, überprüfen, das Umfeld sichten und *dann* entscheiden, ob es sich um pure Propaganda handelt oder doch ernst zu nehmen ist.

Der Westen hat Vieles zunächst für Propaganda gehalten, was sich später als schmerzliche Realität herausgestellt hat. Zum Beispiel den weltweiten Terrorismus. Als Russland zu Zeiten des zweiten Tschetschenienkrieges darauf aufmerksam machte, dass sich an seiner südlichen Grenze ein Sammelbecken islamistischer Fundamentalisten bildet, aus allen möglichen Ecken dieser Welt mit Geld und Kämpfern versorgt, die einen grenzüberschreitenden islamischen Gottesstaat planen, da wurde dies als Vorwand abgetan, um in Tschetschenien freie Hand zu haben. Erst nach den bis dahin unvorstellbaren Terroranschlägen vom 11. September 2001 änderte sich der Blick und die Zeichen standen auf Zusammenarbeit.

Erinnern Sie sich noch an die AUM-Sekte und den Giftanschlag auf die U-Bahn in Tokio im März 1995? Diese Sekte war seit 1991 auf der Grundlage von Religionsfreiheit in Russland registriert. Unter dem Schutz der neu geschaffenen Rechte tauchten landesweit dubiose Gemeinschaften auf, die mit ihren heilsbringenden Botschaften erfolgreich Anhänger warben. Als die russische Regierung versuchte, solcher Sekten Herr zu werden und im Parlament über Beschränkungen diskutiert wurde, war das Urteil im Westen klar: ein Angriff auf die Religionsfreiheit; Russland marschiert mit Riesenschritten zurück in die Vergangenheit. Erst nach den 13 Toten, 54 schwer und ca. 6 000 leicht Verletzten in Tokio durch die Giftattacke der AUM-Sekte konnte Russland deren Tätigkeit verbieten, ohne dafür vom Westen gemaßregelt zu

werden. Bis dahin war es der AUM-Sekte gelungen, in großem Umfang Radiosendezeiten zu kaufen, um ihre Botschaften zu verbreiten. Gedeckt von der Religionsfreiheit.

Es ist immer das gleiche Spiel: Warnungen aus Moskau werden unter Propaganda abgelegt und Interessen
Moskaus werden erst gar nicht ernst genommen, wohin-
gegen sich der Westen die Wahrung eigener Interessen
ohne Einschränkung zubilligt und gegebenenfalls humanitäre Aspekte oder Terrorverdächtigungen entsprechend
angleicht. Als sich die USA am 8. August 2014 für Luftschläge im Nordirak entschieden haben, obwohl das militärische Engagement dort eigentlich beendet ist, hat sich
Präsident Obama dazu geäußert. Es war von humanitärer
Hilfe für die Glaubensgemeinschaft der Jesiden die Rede,
deren Mitglieder von den IS-Milizen in abgelegene Gebiete vertrieben wurden und die ohne Wasser und Nahrung
und ohne Schutz gegen die sengende Hitze in den kahlen
Bergen ausharren mussten. Es waren bereits Frauen und
Kinder an den Strapazen gestorben. Der Vormarsch des
IS hielt an, und er stand kurz vor der Stadt Arbil, in der
sich noch zahlreiche amerikanische Staatsbürger aufhiel-
ten. «Wenn das Leben amerikanischer Bürger bedroht
ist», so Obama, «dann ist es meine Verantwortung als
Präsident zu handeln.» (20 Uhr Ausgabe der Tagesschau.)
Wer wollte dem amerikanischen Präsidenten dieses Recht
absprechen? – Es muss nicht einmal darum gehen, das
gleiche Recht ohne Wenn und Aber einem russischen Präsidenten zuzubilligen, der sich für das Schicksal seiner
immerhin 25 Millionen Landsleute außerhalb der russischen Grenzen verantwortlich fühlt – so viele sind es seit
dem Zusammenbruch der Sowjetunion in den diversen

souveränen Staaten rund um Russland –, aber es geht darum, Leid und Elend von Menschen, die von wem auch immer gequält und vertrieben werden, ohne Ansehen der Akteure zur Kenntnis zu nehmen.

Wie fragil Orientierungslinien sind und wie sehr deren Festlegung von den eigenen Interessen abhängt, zeigt sich gerade im Nordirak mit Blick auf die Kurden. Deren jahrzehntelanger Kampf um Unabhängigkeit ist verbunden mit den Aktivitäten der PKK, der kurdischen Arbeiterpartei, einer Untergrundorganisation, die vom deutschen Verfassungsschutz (und auch von der EU und den USA) als terroristische Vereinigung eingestuft wird. Und jetzt beliefert Deutschland die Kurden mit Waffen, damit sie für den Kampf gegen den IS besser gerüstet sind. Es macht eben einen Unterschied, ob Kurden staatliche Stabilität stören – in der Türkei oder auch im Irak – oder ob man sie braucht im Kampf gegen jemanden, den man selbst gerne loswerden möchte. Die Geschichte bietet einige Beispiele für diesen Mechanismus. Die westlichen Hightech-Waffen, mit denen zu Sowjetzeiten afghanische Mudschaheddin ausgerüstet wurden, flogen den Lieferanten buchstäblich um die Ohren, als sich die Frontlinien änderten und sie ihrerseits versuchten in Afghanistan Fuß zu fassen.

Schon in meiner 1977 abgeschlossenen Dissertation habe ich mich mit den Vorstellungen von Russen und Russland in Westdeutschland nach 1945 beschäftigt. *Unvoreingenommenheit und die Bereitschaft, Andersartigem und Fremdem mit wohlwollendem Interesse an Stelle von ablehnendem Misstrauen gegenüberzutreten, sind auch heute noch nicht in dem Maße verbreitet, wie es eigentlich zu wünschen wäre*, hieß es dort im Vorwort – und hätte auch wieder in diesem Buch stehen können.

Wer sich für ein differenziertes Russlandbild einsetzt, wird gerne darauf hingewiesen, er befinde sich in einer nicht unproblematischen Traditionslinie deutscher Russophilie, die etwa in der Zwischenkriegszeit in rechten Kreisen verbreitet war. Die Deutschen, so wird damit nahegelegt, hätten eben ein romantisches Verhältnis zu «Mütterchen Russland» und würden den bitteren Tatsachen daher nicht ins Auge sehen. Doch waren in der deutschen Geschichte antirussische Vorurteile nicht sehr viel wirksamer? «Russland aber muß rücksichtslos unter allen Umständen ins Unrecht gesetzt werden», so Reichskanzler Bethmann Hollweg am Vorabend des Ersten Weltkriegs, als er sich Gedanken darüber machte, wie die Unterstützung der Bevölkerung, besonders der Sozialdemokratie, zu gewinnen sein würde. Mag es auf der deutschen Rechten während der Weimarer Republik auch Sympathien für Russland gegeben haben, im Dritten Reich mutierten die Russen zu «bolschewistischen Untermenschen», die man bedenkenlos ausbeuten und vernichten konnte. Die Konstellation des Kalten Krieges, als Russland zum «Reich des Bösen» wurde und man in jeder Ecke nachschaute, ob «der Russe» nicht schon da sei, hat sicher nicht dazu beigetragen, dieses Feindbild abzubauen. Ist es so völlig abwegig zu vermuten, dass sich einige auch deshalb so schwer tun mit einem ausgewogeneren Blick auf Russland, weil Reste dieser antirussischen Vorurteile bis heute fortwirken?

Am 25. August 1958 strahlte Radio Bremen eine Schulfunksendung zum Warschauer Pakt im Hörfunk aus. Das

Thema wurde in Form eines fiktiven Gesprächs in einem Interzonenzug zwischen der Westberliner Familie Müller und einem Russen behandelt und es liest sich in meiner Dissertation so: *Trotz der eindringlichen Warnung seiner Frau: «Fang bloß kein politisches Gespräch mit diesem Russen an!», nutzt Herr Müller diese «so günstige Gelegenheit» zu einem politischen Meinungsaustausch. Die unterschiedlichen Ansichten prallen hart aufeinander, aber keine Seite bekommt den Schwarzen Peter zugeschoben. (...) Immer wieder greift der Erzähler erklärend ein: «Wer die russische Politik gegenüber Deutschland verstehen will, muss sich darüber klar sein, dass auf ihr noch immer das Trauma des deutschen Überfalls von 1941 lastet.» Als der Zug schließlich in Berlin einläuft, bedauert Herr Müller, dass man sich nicht verständigen konnte, aber er und der Russe sind sich einig darin, dass schon etwas gewonnen ist, wenn man miteinander redet und die gegenseitigen Standpunkte kennen lernt. Zu Hause angekommen ist die Unterhaltung aus dem Zug noch einmal Familienthema. (...) Auf die resignierende Feststellung, aber der Russe habe ihn ja gar nicht verstanden und sei überhaupt nicht auf seine Standpunkte eingegangen, schaltet sich Sohn Fritz ein. «Wahrscheinlich denkt der Russe umgekehrt genau das Gleiche von Dir, Papa. (...) Weil Du auf seinen Standpunkt auch nicht eingegangen bist. Ihr habt Euch eigentlich nichts anderes erzählt, als dass Ihr Euch gegenseitig bedroht fühlt. Du durch den Kommunismus und er durch den Kapitalismus. (...) Herr Müller: «Aber wenn das so ist, dass unsere ganze Politik heute von Misstrauen und Furcht vor gegenseitiger Bedrohung beherrscht wird, dann müssen wir eben anfangen und versuchen, die Ursachen dafür aus der Welt zu schaffen.»*

So weit war man also bereits 1958.

3. Kapitel

Enttäuschte Hoffnungen – verpasste Chancen

Der SFB (Sender Freies Berlin, seit 2003 zusammen mit dem ORB im RBB aufgegangen) hatte eine Talkshow im Programm – die damals noch nicht so hieß – mit dem Titel «Unterm Funkturm – Auslandskorrespondenten zu Gast mit Gästen». Im Juni 1990 durfte ich durch die Sendung «Zerfällt die Sowjetunion?» führen. Die Zuschauer wurden mit folgendem Pressetext auf das Thema eingestimmt: «Immer mehr Völkerschaften der Sowjetunion drängen auf Unabhängigkeit. Staatschef Gorbatschow antwortet mit Verhandlungsangeboten, aber auch mit Drohungen, Militäreinsätzen und Wirtschaftsboykott. Schlägt die Stunde des letzten Kolonialreichs der Welt? Der Westen steckt in einem Dilemma. Einerseits muss er den Russen, Georgiern, Litauern, Letten und Esten Freiheit wünschen, zugleich aber Gorbatschows ‹Perestroika› schützen. Denn: Ein Chaos in der Sowjetunion könnte das Geflecht der Ost-West-Beziehungen nachhaltig stören.»

Auch wenn sich das von heute aus merkwürdig anhören mag: Die Tatsache, dass die Sowjetunion nicht nur aus Russen, sondern aus über hundert Nationalitäten bestand, war damals im westlichen Bewusstsein nicht sehr verankert. Das kam erst ganz allmählich, weil die verschiedenen Völker immer mehr von sich reden machten und sich zunehmend schlechter zu verstehen schienen.

Die sichtbar werdenden Konflikte folgten unterschiedlichen Mustern. Da stritten sich Nachbarrepubliken ohne Mitwirkung Moskaus, andere wehrten sich gegen die sowjetische Zentralgewalt, wieder andere waren mit beidem gleichzeitig beschäftigt. Deswegen war es auch so schwer, über *das* Nationalitätenproblem in der Sowjetunion zu sprechen. *Das* gab es nicht. Es gab sehr viele unterschiedliche Brennpunkte, die zum Teil bis heute bestehen.

Schon Anfang 1990 hatte eine ganze Reihe hochrangiger sowjetischer Politiker eingeräumt, dass ein Zusammenhalten der Sowjetunion, so wie sie sich darstellte, möglicherweise gar nicht mehr den aktuellen Erfordernissen entspreche und dass man ganz andere Formen einer lockeren Föderation in Erwägung ziehen müsse. Eventuell sei es nötig, sich nur noch auf das russische Kernland zu konzentrieren und die anderen Sowjetrepubliken in die Unabhängigkeit zu entlassen. Ich habe damals bei meinen zahlreichen Reisen durch dieses Riesenimperium immer wieder die Chance genutzt, junge Russen genau zu diesem Punkt zu befragen, und ich kann mich an keinen einzigen erinnern, der die damalige Konstruktion der Sowjetunion beibehalten wollte. Wenn die Republiken gehen wollen, so drückten das die meisten aus, dann sollen sie doch bitteschön gehen. Und einige fügten noch hinzu: Die werden schon sehen, was sie davon haben, die halten das ohne uns, ohne Moskau und die Zentrale wirtschaftlich nicht lange durch. Aber mit Gewalt zusammenhalten – das war für junge Russen kein Thema.

Zur Erinnerung: Kaum war Gorbatschow sowjetischer Präsident, im März 1990, hat er gleich in seiner Antritts-

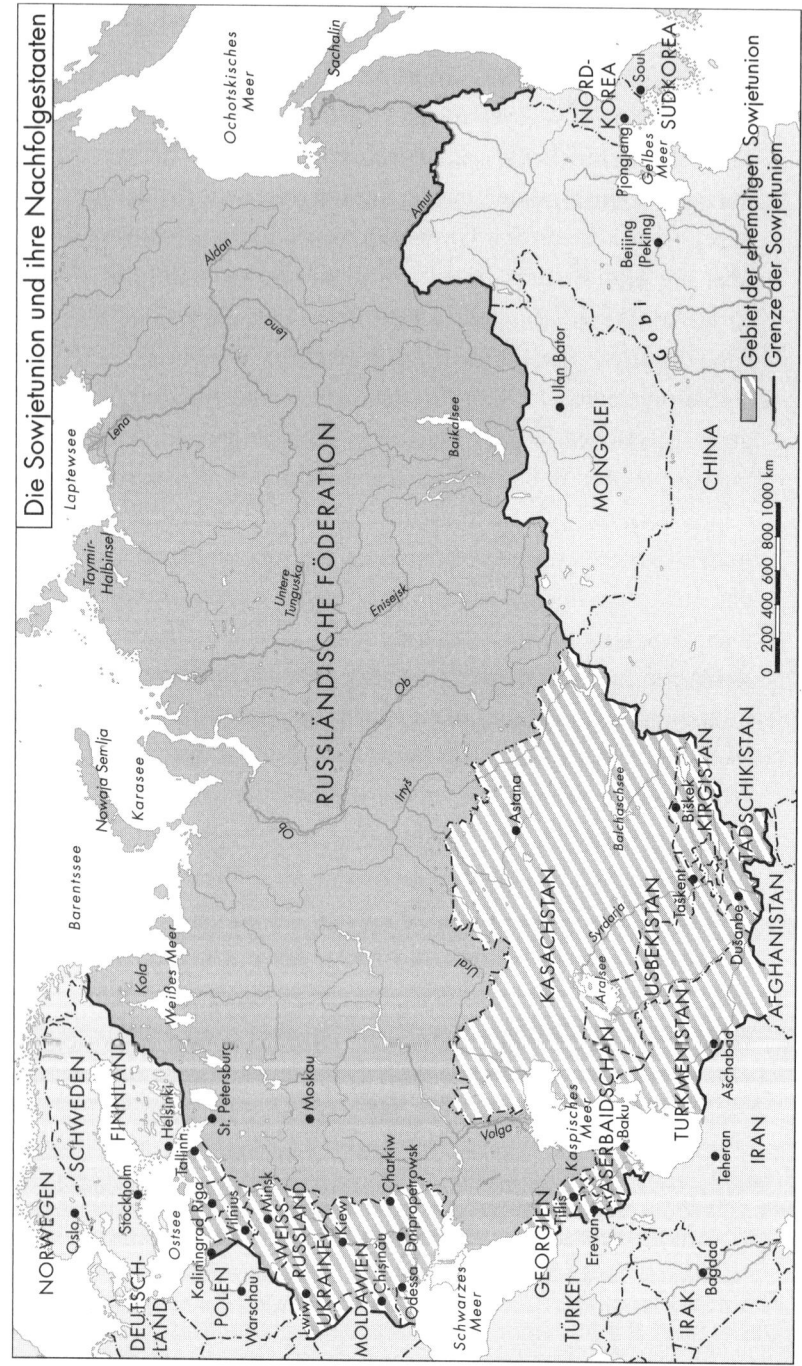

Die Sowjetunion und ihre Nachfolgestaaten

NORWEGEN
SCHWEDEN
FINNLAND
DEUTSCH-
LAND
Oslo
Stockholm
Helsinki
Tallinn
St. Petersburg
Kaliningrad Riga
Vilnius
POLEN
Warschau
WEISS-
RUSSLAND
Minsk
Lwiw
Kiew
UKRAINE
MOLDAWIEN
Chişinău
Odessa
Dnipropetrowsk
Charkiw
Moskau
Schwarzes
Meer
Ostsee
Kola
Weißes Meer
Barentssee
Nowaja Semlja
Karasee
Taymir-
Halbinsel
Laptewsee
Lena
Aldan
Ocholskisches
Meer
Sachalin
Amur
Untere
Tunguska
Enisejsk
Jenissei
Ob
Ob
Irtyš
Baikalsee
RUSSLÄNDISCHE FÖDERATION
NORD-
KOREA
Pjöngjang
Gelbes
Meer
Seoul
SÜDKOREA
Beijing
(Peking)
MONGOLEI
Ulan Bator
Gobi
CHINA
Astana
Ural
Balchaschsee
KASACHSTAN
Syrdarja
Aralsee
Biškek
KIRGISTAN
Taškent
USBEKISTAN
Dušanbe
TADSCHIKISTAN
AFGHANISTAN
TURKMENISTAN
Aşchabad
Volga
Kaspisches
Meer
Baku
ASERBAIDSCHAN
Teheran
IRAN
IRAK
Bagdad
GEORGIEN
Tiflis
Erevan
ARMENIEN
TÜRKEI

0 200 400 600 800 1000 km

Gebiet der ehemaligen Sowjetunion
Grenze der Sowjetunion

rede einen neuen Unionsvertrag angekündigt. Als Generalsekretär der Kommunistischen Partei hätte er das
schlecht tun können, aber als Präsident stand dieses Thema ganz oben auf seinem Plan. Ein wesentliches Problem
dabei – ähnlich wie bei der Marktwirtschaft: Der Politik-
wechsel funktioniert nicht allein dadurch, dass man ihn
beschließt. Die zwischen den Republiken über Jahrzehnte
gewachsenen, vor allem wirtschaftlichen Beziehungen
lassen sich nicht von heute auf morgen problemlos trennen. Als zu Anfang eine fünfjährige Übergangsfrist zur
Debatte stand, ließ der westliche Reflex nicht lange auf
sich warten: Das sei ja bloß eine besonders infame Hin-
haltetaktik. Einwände aus Moskau, dass man innerhalb
der EU für wesentlich unkompliziertere Vorgänge locker
das Doppelte an Zeit einkalkuliere, wurden als Ab-
lenkungsmanöver beiseitegewischt. Der Plan, aus der
Zwangsveranstaltung Sowjetunion eine Interessenge-
meinschaft selbständiger Staaten zu machen, ist dann
zum Scheitern verurteilt, wenn die Akteure keinen Fun-
ken Vertrauen mehr zueinander haben, hinter jedem
Schritt eine hinterhältige Finte vermuten und sich zu all
dem auch noch das Ausland einmischt.

Die Idee Gorbatschows, die Republiken in die politische Selbständigkeit zu entlassen, aber Verteidigungsauf-
gaben an die Zentrale in Moskau zu delegieren und einen
gemeinsamen Wirtschaftsraum zu gestalten, bezeichneten westliche Beobachter als halbherzig. Als Gorbatschow
davon sprach, dass sich diejenigen Republiken, die sich
nicht an der erneuerten Union beteiligen wollten, darauf
einrichten müssten, für Rohstoffe und Energielieferun-
gen Weltmarktpreise zu zahlen, und zwar in Devisen,

nannte man das im Westen Erpressung. Am Rande: Als Boris Jelzin einige Zeit später das Sagen hatte und sich genauso äußerte, hieß derselbe Vorgang plötzlich Entschlossenheit.

Wenn wir von heute aus zurückblicken: Hat es etwas Entlarvendes, von Zerfall zu sprechen statt von Neuordnung? Hätte man in Moskau besser damit umgehen können, wenn dieser historische Einschnitt nicht nur mit Verlust – territorial, emotional, Prestige – verbunden gewesen wäre, sondern mit Gewinn von Chancen?

Es war eine politische Meisterleistung, die Sowjetunion im Wesentlichen ohne Blutvergießen aufzubrechen. Doch statt den Prozess unterstützend zu begleiten, wurde dieser Teil der Erde auf die Verliererstraße geschickt. Es war kein Geheimnis, dass sich die Begeisterung der USA über ein gemeinsames europäisches Haus, in dem sich ganz Europa inklusive Russland einrichten würde, in Grenzen hielt. Nicht umsonst hat der langjährige Sicherheitsberater Zbigniew Brzeziński 1997 geschrieben: «Amerikas geopolitischer Hauptgewinn ist Eurasien (...) Eurasien ist das Schachbrett, auf dem der Kampf um die globale Vorherrschaft auch in Zukunft ausgetragen wird.»

Michail Gorbatschow verglich seine Lage damals mit einer Figur aus der islamischen Folklore. Da reitet jemand auf einem alten Esel und wird als Tierquäler bezeichnet. Als er versucht den Esel zu tragen, wird er als dummer alter Esel beschimpft. Politik ist die Kunst des Möglichen – auch das hat Gorbatschow damals gesagt und mit dem Nachsatz versehen: Alles andere ist Abenteuer. Manchmal hilft es, sich Alltagsbeispiele aus dem menschlichen

Zusammenleben vor Augen zu führen, um Tragweiten zu erkennen, die sich in einer akademischen Diskussion über Prinzipien nicht unbedingt aufdrängen. Selbst wenn eine Eheschließung nicht rechtens war, aber zig Jahre bestand, bedarf es gewisser Regelungen, um zwangsläufig Gewachsenes zivilisiert auseinanderzusortieren. Die Gleichung, man muss sich nur von Moskau trennen und alles wird gut, ist nicht aufgegangen, weder wirtschaftlich noch politisch. Die Ukraine ist das beste Beispiel dafür.

Die über Jahrzehnte hinweg synonym gebrauchten Begriffe Sowjetunion und Russland führten dazu, dass Russland als selbständiger Staat auch weiterhin «irgendwie» als Sowjetunion wahrgenommen wurde, mit all den damit verbundenen negativen Gefühlen. Natürlich musste es nicht zuletzt wegen der Rückzahlung von Schulden einen Rechtsnachfolger der Sowjetunion geben, der sinnvollerweise nur Russland sein konnte. Aber der Begriff «Moskau» funktionierte nach wie vor als Signal für imperialistische Gelüste einer in die Knie gezwungenen Weltmacht. Im Gegensatz zu allen anderen selbständigen Staaten, die nach dem Zerfall der Sowjetunion entstanden waren, bekam Russland keine Chance für einen unbelasteten Neuanfang und stand von Beginn an unter besonderer Beobachtung der «internationalen Staatengemeinschaft», die ihre Regeln zügig auch in diesem Teil der Welt durchsetzen wollte.

Wenn mehr Menschen «verstanden» hätten, wie das Leben in der damaligen Sowjetunion funktionierte, dann hätten viele der Bedingungen von Internationalem Währungsfonds und Weltbank so nie gestellt werden dürfen. Ob das aus Unwissenheit, Unfähigkeit oder böser Absicht geschah, macht in der Wirkung keinen Unterschied. Fakt ist, dass der politische Wille Moskaus dazuzugehören so stark und das Vertrauen in die neuen Freunde aus dem Westen so groß war, dass der heruntergewirtschaftete Koloss auf nahezu alle Forderungen einging. Privatisierung war das Zauberwort. Und wem dazu ein Aber einfiel, der galt schnell als unverbesserlicher Kommunist und Reformfeind.

Dabei zählt es zu den Binsenweisheiten, dass noch so überzeugende Theorien an praktischen Gegebenheiten scheitern können. Nehmen wir die Landwirtschaft. Privatbauern unter Lenin und Stalin wurden nicht nur zur Kollektivierung gezwungen, die Reicheren unter ihnen, die Kulaken, wurden Ende der zwanziger, Anfang der dreißiger Jahre des vorigen Jahrhunderts systematisch vernichtet. Die Erinnerung, dass florierender Privatbesitz einem Todesurteil gleichkam, löscht eine Gesellschaft nicht so schnell aus dem Gedächtnis. Hinzu kam die Angst vor unsicheren Verhältnissen. In der Umbruchsphase änderten sich die Gesetzesvorlagen zum Thema Steuern nahezu täglich. Zwischen dreißig und neunzig Prozent schien alles möglich und das auch noch rückwirkend. Wie kann man ernsthaft erwarten, dass Menschen plötzlich millionenfach aufs Land strömen und anfangen privat zu wirtschaften? Dazu gehört eine Menge Mut. Woher sollen ausgerechnet die Menschen solchen Mut nehmen, die ihr ganzes Leben lang die Erfahrung gemacht haben, dass sie nur unauffällig und angepasst überleben können?

Jelzin hatte Anfang 1992 in einem Erlass verfügt, alle Kolchosen und Sowchosen, also alle landwirtschaftlichen

Staatsbetriebe, aufzulösen und zu privatisieren, und zwar innerhalb von drei Monaten. Dafür bekam er aus dem Westen umgehend Beifall. Jelzins entschlossenes Vorgehen wurde allgemein gelobt und als sensationell bezeichnet. Anderthalb Jahre vorher hatte Gorbatschow bereits Ähnliches verfügt. Alle unrentabel arbeitenden Kolchosen und Sowchosen sollten umgehend aufgelöst und privatisiert werden, hieß es. Und achtzig Prozent dieser Betriebe arbeiteten nachweislich unrentabel. Aber die Menschen haben sich eben nicht auf dieses Angebot gestürzt, nach dem Motto: endlich frei. Auch der Jelzin-Erlass hatte nicht diese Wirkung. Eine der zahlreichen praktischen Schwierigkeiten bestand darin, dass man mit der revolutionären Umgestaltung irgendwo anfangen musste, dadurch aber den jeweiligen Einzelbereich, auf den man sich konzentrierte, aus dem bisher bestehenden System ausschloss und ihn isolierte. Konkret: Was kann ein Privatbauer schon leisten, wenn es keinen Zwischenhandel gibt und er darauf angewiesen ist, seine Ware selbst zu verteilen bzw. zu verkaufen? Zumal, wenn er dabei auch noch über die Fallstricke der staatlichen Handelsorganisationen stolpert, die zu dem Zeitpunkt längst nicht abgeschafft waren.

Ähnlich verhielt es sich mit der Preisreform. Theoretisch sind staatlich festgesetzte Preise Gift für eine funktionierende Marktwirtschaft. Theoretisch müssen sie schnellstens freigegeben werden, um sich von der Planwirtschaft zu verabschieden, obwohl es eine sehr brutale Methode ist, deren Auswirkungen auf das alltägliche Leben sich die meisten Menschen im Westen vermutlich nur sehr unzureichend vorstellen können. Doch dieser

Schritt war unvermeidlich, das war auch den Menschen klar, die ihn gehen mussten. Aber was nützen freie Preise, wenn weder staatliche Produzenten noch staatliche Geschäfte ein Interesse daran haben? Auch die müssen also zügig privatisiert werden, damit die Einzelteile des Umbaus zusammenpassen. Aber wie und durch wen? Ein polnischer Abgeordneter hat damals sehr treffend bemerkt: «Privatisierung unter unseren östlichen Bedingungen, das ist der Verkauf von herrenlosem Vermögen mit unbekanntem Wert an Leute, die kein Geld besitzen.» Gerade wir Deutschen hätten angesichts eigener Erfahrungen mehr Verständnis aufbringen müssen. Bei der vergleichsweise winzigen ehemaligen DDR und dem Treuhand-Konstrukt hat es – diplomatisch ausgedrückt – nicht gut funktioniert. Wie soll es im russischen oder gar sowjetischen Maßstab funktionieren? Aber es war eine Grundbedingung für dringend benötigte Kredite und wirtschaftliches Engagement der internationalen Staatengemeinschaft.

Eine theoretisch richtige Forderung kann sich, absolut gesetzt, in ihr Gegenteil verkehren. Das lässt sich sehr gut am Beispiel der Agrarpreise zeigen. Der Internationale Währungsfonds (IWF) hatte Russland Anfang der neunziger Jahre dringend aufgefordert, für eine Tonne Getreide maximal 10 000 Rubel zu bezahlen, keinesfalls mehr. Die Bauern bzw. die Kolchosen wollten ihr Getreide zu dem Preis aber nicht verkaufen, was dazu führte, dass die russischen Getreideproduzenten ihre Ware lieber verschimmeln ließen oder vernichteten, statt sie für 10 000 Rubel pro Tonne – aus ihrer Sicht – zu verschleudern. Das wiederum führte dazu, dass der Fehlbedarf importiert werden musste, nicht für Rubel, sondern für kostbare Devisen. In dem konkreten Fall handelte es sich um 120 US-Dollar pro Tonne, was umgerechnet etwa 35 000 bis 40 000 Rubel entsprach. Fazit: Es wäre billiger gewesen, den russischen Bauern etwas mehr zu zahlen, und es hätte die Menschen wesentlich mehr für den Westen eingenommen, wenn sie gespürt hätten, dass den ihre Lebensrealität wirklich interessiert.

Im Umfeld dieser Geschichte kam in den russischen Fernsehnachrichten ein Sprecher einer Agrarvereinigung zu Wort, der ganz unverblümt sagte: «Unsere Regierung und der Oberste Sowjet, die unterstützen mit ihren Getreidekäufen die amerikanischen und kanadischen Bauern. Wenn die uns nur die Hälfte dessen zukommen ließen, dann könnten wir unser Gerät auf Vordermann bringen, Saatgut usw. kaufen und würden ausgezeichnet produzieren. Aber so?» Schon damals haben amerikanische Studien Horrorszenarien für den Fall entworfen, dass Russen und Ukrainer in der Lage wären, selbst für ihre Ernährung zu sorgen und möglicherweise sogar zu exportieren. Der Supergau für amerikanische und kanadische Farmer. Allein Russland verfügt über 215 Millionen Hektar landwirtschaftlicher Nutzfläche (im Vergleich dazu die gesamte EU: 172 Millionen Hektar). In der Relation stehen zwei Prozent der Weltbevölkerung neun Prozent der Ackerfläche gegenüber.

Zu dieser Geschichte passt der Ausspruch von Ex-Bundeskanzler Helmut Schmidt, der im Jahr 2000, mit viel Verspätung, aber immerhin, sagte: Die Politik des IWF ist für die Krisen in Südamerika und Russland mitverantwortlich, denn es ist nicht darum gegangen, diesen Ländern zu helfen, sondern die eigenen Märkte abzusichern.

Die enormen wirtschaftlichen Probleme (bis Mitte der
neunziger Jahre halbierte sich das russische Bruttoin-
landsprodukt) traten genau zu dem Zeitpunkt auf, als die
Sowjetunion in Auflösung begriffen war und gewohnte
Strukturen zusammenbrachen. Das Ende der Sowjetunion ist eben nicht nur eine «imperiale» Kategorie und mit
Trauer über geopolitischen Bedeutungsverlust verbunden, sondern mit schlimmsten existentiellen Problemen
einer Gesellschaft, die 45 Jahre zuvor an der Seite der USA
und weiterer westlicher Verbündeter zu den Siegern des
Zweiten Weltkriegs gehört hatte. Solche Vorgänge lassen
sich nicht nur mit Zahlen und Fakten erfassen, sie haben
mentale und psychologische Komponenten, die nicht weniger bedeutsam sind als Messbares.

Wenn man versuchen will, die enormen wirtschaftlichen Probleme Russlands zu diesem Zeitpunkt zu skiz-
zieren, dann spielen folgende Faktoren eine Rolle: geo-
grafische Dimensionen, die eine funktionierende Infrastruktur nahezu unmöglich, auf jeden Fall unverhält-
nismäßig teuer machen; einerseits recht stabile Reste
eines zentralistischen Kommandosystems, das sich der
Illusion hingab, alles per Plan in den Griff zu bekommen,
andererseits immer mehr dezentrale Einheiten. Das bedeutet zwangsläufig, dass kräftig gegeneinander gearbeitet wird.

Der Begriff Planerfüllung klingt theoretisch so harmlos, praktisch muss man sich das zu der Zeit, Anfang der
neunziger Jahre, jedoch so vorstellen: Nahezu jeder In-
dustriezweig, beinahe jeder Betrieb, hatte immer noch in-
dividuell festgelegte Prozentsätze, die nach altem Muster
im Staatsauftrag zu leisten waren. Was darüber hinaus

produziert wurde, durfte der Betrieb in eigener Zuständigkeit vermarkten. Das führte zu großem Durcheinander, in dem niemand mehr überblickte, welche Produktion wofür zur Verfügung stand.

Eine weitere Schwierigkeit: Immer mehr Produktionsstätten bzw. Maschinen gingen schlicht kaputt. Es wurde jahrzehntelang von der Substanz gezehrt, das rächte sich jetzt. Und schließlich sorgte das bereits angesprochene Nationalitätenproblem Anfang der neunziger Jahre dafür, dass sich die Versorgung in Russland dramatisch verschlechterte, denn im allgemeinen Freiheitsjubel kümmerten sich einige Republiken nicht mehr um eingegangene Lieferverträge. Es wurde sogar als politisches Druckmittel eingesetzt, Güter entgegen der Vereinbarung nicht auszuliefern.

Aus den hier geschilderten Schwierigkeiten, die alle irgendwie ineinandergriffen und sich dadurch potenzierten, nicht nur summierten, zog der Westen in jenen Tagen den Schluss, es sei hoffnungslos mit Russland. Vom «Fass ohne Boden» war die Rede, in das man nicht weiter investieren könne. Abgesehen davon, dass es ökonomisch mehr als kurzsichtig war, so zu denken – immerhin saßen im Bereich der ehemaligen Sowjetunion ca. 290 Millionen Menschen, 150 Millionen davon Russen, mit einem gigantischen Nachholbedarf auf fast allen denkbaren Feldern, was für eine Perspektive –, abgesehen davon, hatten wir im Westen aus meiner Sicht in dieser historisch bedeutsamen Situation nicht das Recht zu resignieren, solange die Menschen an Ort und Stelle nicht das Handtuch warfen. Es gab zudem zahlreiche Beispiele dafür, dass intelligent angelegtes unternehmerisches Engagement für beide Seiten ein lohnendes Geschäft darstellte, nämlich immer dann, wenn der Partner aus dem Westen bereit war, auf russische Gepflogenheiten einzugehen und nicht von vornherein zu erwarten, dass Russen bedingungslos unsere Regeln übernehmen.

Die Realitäten in Russland zeigten zudem, dass der Erfolg und die Effizienz wirtschaftlicher Projekte nicht automatisch proportional mit der Höhe der investierten Mittel stiegen. Beinahe im Gegenteil. Etwas holzschnittartig formuliert: Mit Milliardenprojekten, die nur auf dem Papier stehen und mit deren Realisierung sich Kommissionen monate- und jahrelang beschäftigen, ist wesentlich weniger auszurichten als mit kleinen, überschaubaren Größenordnungen, die den Menschen in der Praxis und nicht nur in der Zeitung vorführen, dass sich etwas bewegt und dass man selbst etwas bewegen kann.

In meinen Vorträgen damals habe ich das so ausgedrückt: *All denen, die nur an Zahlen und Bilanzen und messbare Dinge glauben, sei gesagt, dass man diese stimulierende Wirkung nicht unterschätzen sollte und dass die dann zu etwas Messbarem führt. Auf die Formel gebracht: Chance oder Risiko, vielleicht so: ohne Risiko gibt's in der Regel keine Chance und je schneller die Menschen – auch und gerade bei uns – die Dimensionen dieser historisch einmaligen Chance begreifen, umso geringer wird das Risiko. Und je mehr Menschen – bei uns – der Versuchung widerstehen, sich als Sieger aufzuspielen, ganz gleich ob wirtschaftlich, ideologisch, moralisch, umso geringer wird das Risiko und umso größer wird die Chance.*

Ich bin damals von russischen Freunden, mit denen ich über die politische und wirtschaftliche Lage durchaus kontrovers diskutiert habe, auf Folgendes aufmerksam

gemacht worden: Wenn der Westen bzw. seine Finanzin-
stitutionen Russland massiv unter Druck setzen und
zwingen, Reformprozesse zu beschleunigen, dann bedeutet das gleichzeitig, sie zu brutalisieren. Darin liegen ein
soziales Risiko und die Gefahr politischer Instabilität.
Und genau damit wird dann von westlicher Seite argumentiert, wenn es um Russland als Wirtschaftspartner
geht und erklärt werden soll, warum man sich lieber zu-
rückhält und erst einmal abwarten will.

An erster Stelle der Agenda stand nicht «wirtschaftliche Zusammenarbeit». Der am häufigsten genannte Begriff lautete «Wirtschaftshilfe». Ohne all diejenigen zu
vergessen, die durch persönlichen und finanziellen Einsatz uneigennützig tatsächlich geholfen haben, führt die
Bezeichnung «Hilfe» letztlich in die Irre. Im Interesse
Russlands wäre es gewesen, durch entsprechende Kooperationen mit westlichen Firmen die eigene Produktion
anzukurbeln, damit man nicht für jeden Fleischklops
kostbare Devisen ausgeben musste, denn ein wesentlicher
Teil der gewährten Kredite diente dazu, Konsumgüter
aus dem Ausland einzuführen. Es hätte vielfach schon geholfen, Produktionsstraßen, die im Westen ausgedient
hatten, an Russland abzugeben. In einigen Fällen hat das
auch gut funktioniert, doch ich habe selbst erlebt, dass
noch voll funktionsfähige, aber steuerlich abgeschriebene
Fertigungsanlagen lieber verschrottet wurden als sie von
russischen Bürgern abholen zu lassen. Die lapidare Begründung: Wir haben kein Interesse, dass die Russen sich
selbst versorgen. *Den* Markt wollen wir auch. Es war nur
eine Frage der Zeit, bis sich in Russland Erfahrungen wiederholten, die Bürger in der DDR schon hinter sich hat-

ten: Dass Leute aus dem Westen eben nicht nur sanieren, aufbauen, Anschubinvestitionen leisten, sondern auch aufkaufen, Vertriebsnetze nutzen, einheimische Produkte verdrängen und damit den Markt für eigene Erzeugnisse erweitern.

Im Interesse Russlands war es natürlich, die wenigen Produkte, mit denen sie auf dem Weltmarkt konkurrieren konnten, zu exportieren, um selbst Devisen zu erwirtschaften. Das wiederum lag nicht so ohne weiteres im Interesse des Westens. Russische Lasertechnik und satellitengestützte Beobachtungssysteme wurden gezielt boykottiert. Es gab Interessenten in den USA, die Motoren der Buran-Raketen kaufen wollten, aber die einheimische Konkurrenz hat es verhindert. Russische Hubschrauber, die enorme Lasten tragen können, dabei sehr wendig sind, robust und preiswert, konnten nicht in die USA verkauft werden, weil amerikanische Wirtschaft und Politik dieses Geschäft verhindert haben, denn den einheimischen Produzenten ging es schlecht.

Parallel eigneten sich westliche Firmen russisches Knowhow in der qualitativ hochstehenden Grundlagenforschung im Bereich von Physik und Chemie zum Schleuderpreis an, den man in Russland bereit war zu akzeptieren, weil einem das Wasser bis zum Hals stand. Bei spaltbarem Material wäre Russland wegen der günstigen Preise ein ernst zu nehmender Konkurrent gewesen, wurde aber nicht berücksichtigt. Am Beispiel eines russischen Flugzeugs (Aviatika 890) habe ich damals intensiv recherchiert: Alle Experten waren sowohl von der Technik als auch vom Preis-Leistungsverhältnis sehr angetan, aber es ist nicht gelungen, eine Zulassung für den europäischen oder amerikanischen Markt zu bekommen. Das wurde fintenreich verhindert. Zu jener Zeit war in Deutschland die Anschaffung des Kampfflugzeuges Jäger 90 ein heiß diskutiertes Thema. Die wesentlich preiswertere Mig 29, die noch alle deutschen Piloten begeisterte, die dieses Flugzeug fliegen durften, wäre eine technisch akzeptable Alternative gewesen. Auch als Anhänger weltweiter Abrüstung und Gegner von Waffenproduktionen jeder Art kommt man nicht umhin festzustellen, wie unverfroren der Westen damals von Russland erwartete, in hochtechnisierten Rüstungsbetrieben auf Zivilgüterproduktion umzustellen, und zwar nicht auf adäquatem Niveau, sondern im Hauruckverfahren, ohne Rücksicht darauf, dass man dann auch auf diesem Gebiet den Anschluss an moderne Technologie verliert, also in einem Bereich, in dem sich Devisen verdienen lassen.

Ich kann mich an viele freundschaftliche Gespräche erinnern, in denen mir Fragen gestellt wurden wie: Wenn Ihr das alles ernst meint, von wegen Partner, Nachbarn in Freundschaft verbunden etc., warum lasst Ihr uns keine Chance, einen Fuß in die Tür zu kriegen? Schon damals war für die Russen zu spüren, dass man sie auf dem weltweit bereits aufgeteilten Markt als Konkurrenten nicht haben wollte. Da redete man lieber von Hilfsprogrammen. Damals wie heute lohnt ein differenzierter Blick auf den von Widersprüchen geprägten russischen Alltag. Ja, es hat hervorragende partnerschaftliche Zusammenarbeit gegeben, beeindruckende Erfolgsgeschichten, und manche Kooperation besteht bis heute. Aber es war auch ein Eldorado für Glücksritter aus dem Ausland, die völlig unvorbereitete gutgläubige Russen gnadenlos über den

Tisch zogen und schnell wieder verschwunden waren, wenn sie ihr Schäfchen im Trockenen hatten. Ja, die Milliardenprogramme, die weltweit für Russland und den gesamten Ostblock aufgelegt wurden, waren in ihrer Höhe bemerkenswert, aber man darf nicht unterschlagen, dass diese Summen zu einem großen Teil wieder in den Westen zurückflossen. Da wurden alte Kredite mit neuen finanziert, die eben nicht für Investitionen verwandt wurden, sondern in erster Linie zum Einkauf westlicher Konsumgüter dienten. Da wurden westliche Beratungsfirmen großzügig bedacht, die parallel und unkoordiniert die x-te Studie zu ein und demselben Thema erarbeiteten, die ebenso teuer wie überflüssig war und zuweilen auch noch von Leuten erstellt wurde, die Russland erst entdeckt hatten, als es dafür aus Bonn und Brüssel Geld gab.

Alles in allem war es eine unübersichtliche, unsichere Zeit, in der es anstrengend war, den Alltag zu bewältigen und die Ratschläge aus aller Welt zu verkraften. Die Menschen waren mit Raubtierkapitalismus konfrontiert und nicht mit der abgemilderten Form der sozialen Marktwirtschaft, mit der wir es damals in Deutschland zu tun hatten. Das *Perverse* an der Situation war, dass man sich in Russland nicht traute, soziale Schutzmechanismen einzubauen, aus Sorge, der Westen könne das wieder als sozialistisch oder kommunistisch missverstehen und sich ganz zurückziehen. Das *Tragische* an der Situation war, dass mit der russischen Führungsfigur Boris Jelzin, so sympathisch er im persönlichen Umgang gewesen sein mochte, kein politisches Schwergewicht an der Spitze stand. Aber genau so etwas hätte Russland gebraucht.

Einerseits hatte es keinen Sinn, die Menschen mit unrealistischen Versprechungen zu belügen, wie Jelzin und seine Reformer es nach dem Motto: In ein, zwei Jahren ist alles überstanden, taten. Irgendwann ist diese Zeitspanne nämlich vorbei und die Menschen merken, dass man sie belogen hat. Andererseits kann man nicht ernsthaft in kühler Wissenschaftlichkeit verkünden, frühestens die nächste Generation wird leichte Besserung spüren. Das hält niemand aus. Die anfängliche West-Begeisterung, die sich jeden Tag in überschwänglichen Fernsehberichten verfolgen ließ und die in ihrem Ausmaß für einen Westbürger eher peinlich war (so gut und edel sind wir vielleicht doch nicht…) – diese West-Begeisterung wich ganz allmählich einer Skepsis und man konnte beobachten, dass sich ein ernst zu nehmender Kampf innerhalb der Gesellschaft abspielte. Ein Kampf zwischen denjenigen, die für den Westen und sein wirtschaftliches Engagement sozusagen den schweren roten Teppich ausrollen wollten, ohne Rücksicht darauf, was der im eigenen Land alles zerdrückt, und denjenigen, die Angst vor einem Ausverkauf hatten. Kein Wunder, zu der Zeit dachte die politische Führung unter Jelzin über abenteuerlichste Varianten nach, ausländische Investoren zu interessieren. Das reichte bis zu exterritorialen Gebieten, die man innerhalb Russlands schaffen wollte und in denen uneingeschränkt ausländisches Recht gelten sollte.

Die neunziger Jahre unter Präsident Jelzin waren für die Menschen in Russland eine permanente Zerreißprobe, sowohl in wirtschaftlicher als auch in politischer Hinsicht. Drei Kernpunkte sollen das illustrieren. Erstens: Man kann Jelzin mit Fug und Recht als Geburtshelfer der

Oligarchen bezeichnen. Er hat nicht nur zugelassen, sondern es sogar gefördert, dass Schlüsselindustrien unter
höchst zweifelhaften Umständen privatisiert werden
konnten. Einerseits gab es weit verbreitete existentielle
Not. Menschen bekamen monatelang keinen Lohn und
kein Gehalt für ihre Arbeit, sie wurden allenfalls in Natu-
ralien bezahlt, das konnten dann auch Waschbecken oder
Toilettenschüsseln sein. Andererseits bombastischer
Luxus und eine Geldelite, die meinte, vom Journalismus
bis zum Rechtswesen alles kaufen zu können. Staatliche
Strukturen zerfielen, Korruption und kriminelle Netzwerke bestimmten das Leben.

Der zweite Punkt führt uns ins Jahr 1993 und zu einer
Verfassungskrise, die blutig endete und die heute im
westlichen Gedächtnis kaum noch präsent ist. Wie sollte
sie auch? «Den Eskapaden des Schauspielers Juhnke in
Hollywood widmete man im Westen mehr Aufmerksamkeit als den blutigen Verfassungswidrigkeiten im größten
Land der Erde», so hat das der ukrainische Journalist Viktor Timtschenko in einem seiner Bücher formuliert. Die
meisten Menschen im Westen erinnern sich noch sehr genau an die Bilder, die Jelzin in Moskau auf einem Panzer
stehend zeigen, als er sich im August 1991 gegen die Put-
schisten stellte, die Gorbatschow und seine Familie auf
der Krim festhielten, um die Perestroika-Politik zu beenden. Dass Jelzin zwei Jahre später selbst Panzer losschick-
te, um das Parlamentsgebäude, das Weiße Haus, beschie-
ßen zu lassen, ist weit weniger im Gedächtnis. Dabei
markiert die russische Verfassungskrise von 1993, die je
nach Quelle zwischen 120 und bis zu 1000 Toten und
hunderte Verletzte forderte, eine wichtige Zäsur.

Kurz zum Hintergrund: Es ging um die Machtverteilung in dem nach dem Zerfall der Sowjetunion entstandenen Russland, genauer darum, welche Kompetenzen der Präsident und welche das Parlament haben sollte. Es ging aber auch um den wirtschaftlichen Umbau dieses Riesenlandes, den zu diesem Zeitpunkt der so genannte Radikalreformer Jegor Gaidar als Wirtschaftsminister und stellvertretender Ministerpräsident unter aktiver Mitarbeit amerikanischer Berater vorantrieb. Seine «Schocktherapie» – so die offizielle Bezeichnung seiner Reformpolitik – wurde für die galoppierende Inflation Anfang der neunziger Jahre verantwortlich gemacht.

Das Parlament verweigerte seine Unterstützung und versuchte – allerdings erfolglos – Jelzin seines Amtes zu entheben. Der seinerseits ließ sich durch ein Referendum vom Volk bestätigen, was seine Position stärkte, aber am grundsätzlichen Problem der künftigen Machtverteilung nichts änderte. Daraufhin löste Jelzin per Erlass das Parlament auf und setzte Neuwahlen an. Dazu hatte er nach geltender Verfassung nicht das Recht, und die Situation eskalierte. Ein Teil der Parlamentarier verschanzte sich im Weißen Haus. Es wurde zwei Wochen lang intensiv verhandelt. Auch kirchliche Würdenträger und anerkannte Journalisten schalteten sich als Vermittler ein – vergeblich.

Über die Chronologie der weiteren Ereignisse wird bis heute gestritten, jedenfalls erklärte Präsident Jelzin am 3. Oktober 1993 den Ausnahmezustand und schickte Panzer zum Weißen Haus. Es haben sich damals übrigens einige Kommandeure geweigert, auf die eigenen Leute zu schießen. Doch letztlich kam es am 4. Oktober zum Angriff. Wegen der Waffenüberlegenheit dauerte die Konfrontation nicht lange. Ich kann mich an eine dicke Schlagzeile in Deutschland erinnern: «Krieg in Moskau. Sie schießen auf jeden.» Das Wort vom Bürgerkrieg in Russland machte die Runde. Trotz der Toten und Verletzten: Es herrschte zu keinem Zeitpunkt Bürgerkrieg. Die russische Bevölkerung insgesamt war an der Schießerei am Weißen Haus absolut desinteressiert, wenn man von den Schaulustigen absah, die das Geschehen von der Brücke über die Moskwa verfolgten.

Ich habe damals in einem Vortrag dazu gesagt: *Unser Sprachgebrauch ist bemerkenswert. Wir reden von einem Putsch und bezeichnen damit nicht Jelzins Verfassungsbruch, sondern – unabhängig von der späteren Eskalation durch Fanatiker – bereits die legale Reaktion des Parlaments. Im Grunde ist es beinahe abenteuerlich, wie leicht wir geneigt sind, diktatorische Maßnahmen zu tolerieren, wenn wir meinen, sie dienen dazu, unser Wertesystem einzuführen.* Und genau das markiert die Zäsur. Ich zitiere stellvertretend einen meiner russischen Gesprächspartner von damals, der die Stimmungslage auf den Punkt brachte: «Erst sagen sie uns, wir müssen endlich demokratisch und rechtsstaatlich werden und dann benimmt sich einer, der dem Westen, aus welchen Gründen auch immer, besonders gut passt, wie die Axt im Walde, verletzt alle Regeln und wird dafür vom Westen auch noch gelobt.»

Als Jelzin im Frühjahr 1993 ankündigte, mit Sondererlassen regieren zu wollen, schickten sowohl der damalige amerikanische Präsident Bill Clinton als auch der deutsche Bundeskanzler Helmut Kohl Telegramme, in denen sie die Unterstützung ihrer jeweiligen Regierungen zusicherten. Ich habe damals gesagt und geschrieben, dass diese eilfertigen westlichen Freibriefe nicht unwesentlich dazu beitrügen, dass Jelzin in seinen erkennbaren Muskelspielen immer radikaler werde. Ich versuche mir gerade die westliche Reaktion vorzustellen, wenn Präsident Putin Vergleichbares ankündigen würde. Die Glückwunschtelegramme blieben vermutlich aus... Kurz und gut: Beim Einsatzbefehl gegen die Verschanzten im Weißen Haus musste Jelzin nichts Böses aus dem Westen befürchten. Weder Kritik noch Sanktionen. Er konnte sich westlicher Unterstützung sicher sein. «Wenn Jelzin fällt», so der damalige amerikanische Außenminister Christopher, «dann bricht wieder die Zeit der Konfrontation an, dann müssen wieder Waffen her.» Jelzins Schießbefehl und die Parteinahme des Auslands haben einer Gesellschaft in schwierigsten Umbauzeiten Wunden geschlagen, die bis heute immer wieder aufbrechen. Es ging so etwas wie Unschuld verloren. Hoffnungen wurden beschädigt. Lohnte es sich wirklich, all die Mühsal auf sich zu nehmen, nur um *ein* verlogenes System gegen ein anderes auszutauschen? Es ist müßig darüber zu spekulieren, was gewesen wäre wenn, und ob «der Sieg» Jelzins angesichts mancher politischer Gegner nicht letztlich von Vorteil war. Das ist nicht die Kategorie, um die es hier geht. Jedenfalls endete diese Phase damit, dass eine Verfassung bestätigt wurde, die dem Präsidenten außerordentlich große Machtbefugnisse zuwies.

Zum dritten Punkt: Ohne auf die dramatischen Einzelheiten der wirtschaftlichen Entwicklung einzugehen – aberwitzige Zinssätze, hohe Inflation, schleppende Auszahlung von bereits zugesagten Krediten, drastische

Sparprogramme etc. – und auch ohne die Rolle von George Soros zu kommentieren, der sich öffentlich für eine Rubelabwertung von bis zu 25 Prozent ausgesprochen hatte, was zu drastischen Kursverlusten führte: Im Sommer 1998 kam es zum Crash. Auf einen Schlag verloren die Bürger Russlands ihre Ersparnisse. Der Rubel war nichts mehr wert. Nur US-Dollar und Euro wurden als Zahlungsmittel akzeptiert. Das war die Situation, in der Boris Jelzin, gesundheitlich schwer angeschlagen, Ende 1999 seinen Nachfolger Wladimir Putin ins Amt holte, nicht ohne sich zusichern zu lassen, dass weder er, Boris Jelzin, noch seine Familie jemals juristisch belangt werden dürften.

Wladimir Putin – was löst die Nennung dieses Namens bei Ihnen aus? Ganz spontan, ohne große Überlegung. KGB-Mann? Macho-Typ mit freiem Oberkörper auf Tigerjagd? Hat Michail Chodorkowskij hinter Gitter gebracht, Pussy Riot weggesperrt, ausländischen nichtstaatlichen Organisationen die Daumenschrauben angelegt und die Gesetzgebung zum Thema Homosexualität verschärft. So etwa?

Es liegt mir fern, Handlungsweisen des russischen Präsidenten in toto zu rechtfertigen oder zu verteidigen. Ich habe keine Veranlassung irgendetwas beschönigen zu wollen. Doch zwischen der üblichen Dämonisierung einerseits und einer blauäugigen Verharmlosung andererseits ist ziemlich viel Platz für Hintergründe und Zusammenhänge, vor allem, wenn man Putins Politik in seiner ersten Amtszeit mit der in der zweiten oder gar dritten vergleicht.

Fakt ist, dass Wladimir Putin in der medialen und politischen Wahrnehmung im Westen von Anfang an mit dem KGB- bzw. Geheimdienst-Etikett versehen wurde. Er war nicht in erster Linie der «russische Präsident», sondern der «Geheimdienstmann». Den Rest hat ihm die vermutlich gut gemeinte Bezeichnung des ehemaligen deutschen Bundeskanzlers und späteren Freundes Gerhard Schröder gegeben: «lupenreiner Demokrat». Sie lieferte die Steilvorlage für Häme und Spott. «Ein lupenreiner Spion, der heute Präsident ist», wie es der Moderator eines Fernsehmagazins genüsslich formulierte. Damit war der Filter festgelegt, durch den alles wahrgenommen wurde, was mit Putin und seiner Politik zusammenhing.

Viktor Timtschenko, ein Meister akribischer Recherche, der 2003 eine Putin-Biografie auf den Markt gebracht hat, weist auf folgenden Umstand hin, um sich der Denkwelt des damals noch jungen Präsidenten zu nähern. Einer der Drahtzieher des August-Putsches von 1991, der sich gegen Michail Gorbatschow und seine Perestroika-Politik richtete, war der damalige Chef des KGB, Wladimir Krjutschkow, also der oberste Dienstherr des KGB-Mitarbeiters Wladimir Putin. Der Putsch begann am 19. August und am 20. August quittierte Putin seinen Dienst beim KGB. Das heißt, zu einem Zeitpunkt, zu dem man noch nicht sicher sein konnte, wie die Sache ausgeht. Eine eindeutigere Positionierung ist kaum möglich. Vor allem, wenn man bedenkt, dass es sich nicht nur um einen einfachen Jobwechsel handelte, sondern um den bewussten Verzicht auf Sicherheit und Privilegien, verbunden mit dem Risiko «auf der falschen Seite» zu stehen. 1998 wurde Putin dann Chef des FSB, des russischen Inlandsgeheimdienstes. Doch ist es so ungewöhnlich, dass führende Mitarbeiter von Geheimdiensten politisch Karriere machen? Hat es zum Beispiel irgendjemanden gestört, dass der ehemalige amerikanische Präsident George Bush senior zuvor Chef der CIA war? Hat es irgendeine Rolle gespielt, dass der ukrainische Interimspräsident Turtschinow an der Spitze des SBU stand, sozusagen der ukrainischen Ausgabe des KGB?

Als Wladimir Putin von Jelzins Gnaden neuer russischer Präsident wurde, stand recht schnell fest, dass der erste Auslandsbesuch des sehr gut deutsch sprechenden Staatschefs Deutschland gelten sollte. Dieses Ansinnen traf in Berlin jedoch nicht auf Gegenliebe, was dazu führte, dass Putin zunächst nach London, Madrid und Rom reiste. Deutschland kam erst an vierter Stelle.

«Die Aufgabe des heutigen Tages besteht darin, eine Zukunft Russlands und der EU als Partner und Verbündete zu schaffen», so lautete Putins Motto zu Beginn. Die russische Außenpolitik setzte eindeutig auf Integration in die euro-atlantische Staatengemeinschaft, obwohl sich zu diesem Zeitpunkt die Stimmung in der russischen Bevölkerung und auch in den Entscheidungsetagen des Kreml nicht mehr ganz so eindeutig zeigte wie zu Beginn der neunziger Jahre. Dafür hatte sich zu viel Ernüchterndes ereignet. Doch die Strategie unter dem neuen russischen Präsidenten war nach Westen ausgerichtet. Aus Moskau kamen Vorschläge zu einem «gemeinsamen Wirtschaftsraum» von Wladiwostok bis Lissabon. Putin war einer der ersten, der von einer multipolaren Welt und einem «gemeinsamen Sicherheitsraum» von Wladiwostok bis Vancouver gesprochen hat. Weder das eine noch das andere rief eine Reaktion hervor, aus der er schließen konnte, ernst genommen zu werden.

Der 25. September 2001 war ein wahrlich historischer Tag. Zum ersten Mal in der Geschichte der deutsch-russischen Beziehungen sprach ein russisches Staatsoberhaupt vor dem Deutschen Bundestag und das auch noch auf Deutsch. Die Rede wurde mehrfach von Beifall unterbrochen und zum Schluss mit stehenden Ovationen bedacht.

Sicherheitspolitik nahm einen breiten Raum ein und Putin bezeichnete die «beispiellos niedrige Konzentration von Streitkräften und Waffen in Mitteleuropa und in der baltischen Region» als Erfolg. «Russland ist ein freundlich gesinntes europäisches Land», sagte er und ergänzte: «Für unser Land, das ein Jahrhundert der Kriegskatastrophen durchgemacht hat, ist der stabile Frieden auf dem Kontinent das Hauptziel.» Er erwähnte die verschiedenen Abrüstungsverträge, die Russland nicht nur unterschrieben, sondern – im Gegensatz zu manchen NATO-Ländern – auch ratifiziert habe.

Und dann kam etwas, das mir bis heute besonders im Gedächtnis geblieben ist: «Wir (damit waren beide Seiten gemeint) leben weiterhin im alten Wertesystem. Wir sprechen von einer Partnerschaft. In Wirklichkeit haben wir aber immer noch nicht gelernt, einander zu vertrauen.»

Im Einklang mit westlichen Stimmen zu dieser Zeit wies auch Putin darauf hin, dass alte Sicherheitsstrukturen neuen Bedrohungen in einer komplizierter gewordenen Welt nicht mehr standhalten können. Er nannte Regionalkonflikte und Terrorismus. Wenige Tage zuvor waren in New York etwa dreitausend Menschen dem Anschlag auf das World Trade Center zum Opfer gefallen. Der russische Präsident nutzte die Gelegenheit, bestehen-

de Mechanismen der Zusammenarbeit kritisch zu betrachten. Im Nachhinein lässt sich das Folgende durchaus als eine Art Hilferuf verstehen. Bei aller Freude über
bereits Erreichtes sprach Putin den Umstand an, dass
Russland an der Vorbereitung von Beschlüssen nicht
wirklich beteiligt werde. «Heutzutage werden Entscheidungen manchmal überhaupt ohne uns getroffen. Wir
werden dann nachdrücklich gebeten, sie zu bestätigen.
Dann spricht man wieder von der Loyalität gegenüber der
NATO. Es wird sogar gesagt, ohne Russland sei es unmöglich, diese Entscheidungen zu verwirklichen. – Wir
sollten uns fragen, ob das normal ist, ob das eine echte
Partnerschaft ist.» Das Bemühen Europas – Europa im
Sinne von EU – nationale Egoismen zugunsten einheitli-
cher Beschlüsse zu überwinden, fand Putins ausdrückli-
che Zustimmung. «Wir sind einverstanden», hieß es dazu
klar.

Zu diesem Zeitpunkt hatte sich in Russland bereits
ein «Prioritäten- und Wertewandel» vollzogen, wie es in
der Rede vor dem Deutschen Bundestag hieß. Im Haus-
halt 2002 standen zum ersten Mal die Sozialausgaben an
erster Stelle. Für Ausbildung wurde nachweislich mehr
ausgegeben als für die Landesverteidigung. Die Lage der
Rentner wurde zur Chefsache, ebenso die pünktliche
Auszahlung von Löhnen und Gehältern. Langsam aber
spürbar normalisierte und stabilisierte sich das Leben in
Russland. Der neue Präsident stand auch für neues
Selbstvertrauen und neues Selbstbewusstsein. Die damals steigenden und dauerhaft hohen Rohstoffpreise
spielten ihm dabei in die Karten. Russland erholte sich,
auch mental. Auslandsschulden konnten systematisch

und vielfach vorzeitig zurückgezahlt werden und stopften – Ironie der Geschichte – im passenden Moment deutsche Haushaltslöcher.

Im Laufe der neunziger Jahre hatten sich die Oligarchen zu einem entscheidenden Machtfaktor entwickelt. Diese neue Schicht superreicher Unternehmer verdankte ihre Existenz der fatalen Privatisierungspolitik Jelzins und unterminierte die staatliche Autorität. Dieses Problem wollte Putin dadurch lösen, dass er mit ihnen Spielregeln absprach. Sie hatten mit ihren finanziellen Mitteln unter anderem dafür gesorgt, dass Jelzin 1996 noch einmal zum Präsidenten gewählt wurde, obwohl die Stimmungslage im Land zunächst eine ganz andere war. Bei einem informellen Treffen, das unter dem Namen Schaschlik-Treffen bekannt ist, sollte geklärt werden, wie dem von Jelzin hinterlassenen Chaos beizukommen war. Das etwas verkürzte Fazit dieser Veranstaltung lautete: Der Kreml mischt sich nicht in Geschäfte ein und die Oligarchen halten sich aus der Politik heraus. Das hat mehr oder weniger gut funktioniert. Jedenfalls bestimmen in Russland im Unterschied zur Ukraine die Oligarchen nicht die Politik.

Innenpolitisch setzte ein beispielloser Gesetzgebungsmarathon ein, um Rahmenbedingungen westlichen Standards anzupassen. Ludwig Erhard, der Vater der sozialen Marktwirtschaft in Deutschland, wurde vom russischen Präsidenten als Vorbild genannt. Im Bereich der Einkommensteuer verschaffte sich Russland ausgerechnet mit Hilfe deutscher Berater, die im eigenen Land eher weniger Gehör fanden, ein einfaches und effektives Steuersystem. Bildung, Wohnungsbau, Gesundheit und Landwirtschaft wurden zu so genannten nationalen Projekten erklärt und vom Staat gezielt unterstützt.

Der Kampf gegen Korruption – in vielen Ländern dieser Welt eine komplizierte und mühsame Herausforderung – beherrschte eine ganze Weile Politik und Medien. Diverse Programme sollten Bürger gezielt ermutigen mitzumachen. Es wurden zur Motivation sogar christliche Werte bemüht. Da die Zollverwaltung immer als besonders korruptionsanfällig galt, wurde Mitte 2006 die komplette Führung ausgetauscht und die Behörde direkt der russischen Regierung unterstellt.

Heute will niemand mehr wissen, dass der russische Präsident Putin gleich zu Beginn die Bedeutung von Zivilgesellschaft für die erfolgreiche Entwicklung eines Staatswesens nicht nur erkannt, sondern immer wieder betont und institutionell eine Menge dafür getan hat. Bei allen zwangsläufigen Unzulänglichkeiten eines solchen Unterfangens, das von oben gesteuert versucht, Entwicklungsprozesse zu beschleunigen, vielleicht sogar überspringen zu wollen (was nicht funktioniert) – vom Rest der Welt wurde diese gewaltige Anstrengung, eine über Jahrhunderte in Unfreiheit gehaltene Gesellschaft zu politischer Beteiligung zu animieren, nicht wertgeschätzt. Ganz im Gegenteil. Das westliche Ausland betrachtete die entsprechenden Aktivitäten mit drangender Ungeduld, aber vor allem mit einer Mischung aus Misstrauen und unverhohlener Häme.

Bezeichnenderweise wurden am 12. Juni 2001, also am zehnten Jahrestag der russischen Unabhängigkeit, dreißig Vertreter nicht-staatlicher Organisationen in den Kreml eingeladen, um über die Idee eines Bürgerforums zu debattieren. Als sich herausstellte, dass Themen wie Menschenrechte und Umweltschutz in dieser überschaubaren Runde nicht vertreten waren, kam es zu innerrussischen Protesten, die sich in den Medien niederschlugen. Fünf Monate später folgte eine weitere Konferenz, diesmal mit etwa 3000 Teilnehmern aus dem gesamten Land und mit der kompletten thematischen Bandbreite inklusive kremlkritischer Gruppen, die sich vor allem mit Themen wie Tschetschenien und Menschenrechten befassten. Die einzelnen Foren tagten in den Räumlichkeiten von Ministerien und Behörden. Für die Plenarsitzungen am Anfang und am Ende der zweitägigen Veranstaltung wurde der große Sitzungssaal des Kremls genutzt. Daraus und an der personellen Besetzung staatlicherseits konnte man ablesen, wie hoch dieses Treffen politisch angesiedelt war. Alle waren da: der Präsident, der Premierminister, etwa zwanzig Minister, ebenso viele stellvertretende Minister und ungefähr einhundert Beamte unterschiedlichen Ranges. Was für ein Signal! Haben Sie davon als Medienkonsument etwas mitbekommen? Sicher, vor allem für ein optisches Medium wie das Fernsehen, ist es nicht leicht, daraus einen bildgewaltigen attraktiven Beitrag zu machen. Aber es widerspricht der Chronistenpflicht von Journalisten, solche Ereignisse nicht zur Kenntnis zu nehmen oder sie von vornherein als «nicht ernst gemeint», also «vernachlässigbar», bewusst zu ignorieren.

Die russische Reaktion auf diese ungewöhnliche Konferenz war durchaus zwiespältig. Nicht alle waren begeistert oder von der Ernsthaftigkeit überzeugt, aber es bildete sich vorübergehend eine Allianz zwischen Zivilgesellschaft und Kreml, um sich gemeinsam die verkrustete

Bürokratie vorzunehmen, die das stärkste Interesse daran hatte, dass alles so blieb wie es war. «Zwei Jahre vor der nächsten Präsidentenwahl geht es Putin offenbar darum, seine Basis auszubauen, um nicht Gefangener der Kremlapparatschiks zu werden, wie andere vor ihm», sagte ein Politologe und langjähriger Regierungsberater 2002. Wäre das gelungen, sähe es heute in Russland anders aus.

Durch den bereits erwähnten Filter westlicher Wahrnehmung bekamen jedoch nahezu alle Äußerungen Putins ein negatives Etikett. Als er 2006 in seiner Rede zur Lage der Nation den früheren amerikanischen Präsidenten Roosevelt zitierte und in diesem Sinne die Superreichen in Russland an ihre gesellschaftliche Verantwortung erinnerte, wurde das als Signal für bevorstehende Enteignungen oder zumindest die drohende Einschränkung wirtschaftlicher Freiheit gewertet. Als der russische Präsident von der besorgniserregenden demographischen Entwicklung sprach und Familienförderprogramme ins Spiel brachte, kam als Motiv nur die Furcht vor dem Verlust der Wehrhaftigkeit infrage. Dabei handelt es sich um eine notwendige gesellschaftspolitische Diskussion, die auch in westlichen Ländern geführt wird. Die Bezeichnung «starker Staat» aus dem Munde Wladimir Putins kann nur Demokratieabbau bedeuten, die Überlegung, dass damit lediglich ein funktionsfähiger Staat gemeint sein könnte, vor allem nach den unübersichtlichen Jelzin-Zeiten, findet erst gar nicht statt. Die Liste solcher Beispiele lässt sich problemlos verlängern.

Ohne die Rolle des Auslands überschätzen zu wollen: Russland hätte in *der* Zeit wohlwollende Unterstützung gebraucht statt Dauergemäkel, Hohn und Spott und die stete Reduzierung des russischen Präsidenten auf einen Spion, dem man grundsätzlich nichts glauben kann. Die immer wieder geäußerte Forderung, die politische Spitze Russlands solle sich heraushalten, wenn es um die Etablierung zivilgesellschaftlicher Institutionen geht, mag zu unseren Strukturen passen, doch für die damalige russische Realität war sie fehl am Platze. Ohne Führung lief in Russland nichts. Die Rolle des Natschalniks, des Chefs, desjenigen, der das Sagen hat, war und ist viel stärker verankert, als man hierzulande glauben möchte. Insofern – was für ein Glück, wenn in diesen Umbruchszeiten jemand an der Spitze steht, der sein Land nach vorne bringen möchte und bei der Versorgung nicht in erster Linie seine «Familie», seinen Clan, im Auge hat. So jemanden beim Aufbau von Strukturen zu unterstützen, die perspektivisch Gewaltenteilung funktionsfähig machen – was ist schlecht daran? Besser auf jeden Fall als auf Fundamentalopposition zu setzen und von Umstürzen à la «Orangene Revolution» und «Arabischer Frühling» zu träumen, die auf Knopfdruck einen «Regimechange» herbeiführen, der mehr mit geopolitischen Interessen als mit dem Einsatz für Menschenrechte zu tun hat und – wie mittlerweile auch der letzte Zweifler erkennen muss – nichts zum Besseren wendet. Im Gegenteil.

Heute ist es für all das zu spät. Der Westen hat für die Mehrheit der russischen Bevölkerung seine Glaubwürdigkeit verloren und innenpolitisch ist zu viel passiert, das mit der ursprünglichen Ausrichtung nichts mehr zu tun hat. Vertrauensvolle Zusammenarbeit – das war einmal. Jetzt geht es aus russischer Perspektive darum, sich zur Wehr zu setzen und sich nicht reinreden zu lassen. Die restriktiven Veränderungen der letzten Jahre in Russland passen sehr viel besser in die Kategorie «Reaktion» als unter die Überschrift «Aktion». Und das ist das eigentlich Tragische daran.

Meine These lautet: Es hätte keine dritte Amtszeit Putins gegeben, wenn er während seiner ersten und zweiten bei dieser Herkulesaufgabe, das größte Land der Welt von Grund auf umzustrukturieren, von außen vertrauensvoller unterstützt worden wäre. Denn eine Gesellschaft, die sich eingebettet fühlt und nicht umzingelt, kann sich viel freier und unbeschwerter entfalten. Wenn man Angst hat, dass der Rest der Welt nur darauf wartet Schwächen auszunutzen, dann entwickelt sich eine Gesellschaft anders: verkrampfter, ängstlicher, hin und wieder sogar panisch oder paranoid.

«Die Zeit ist reif.» Es gibt Zeitfenster, die man nutzen muss. Die deutsche Vereinigung ist in so einem Zeitfenster passiert. Es hat ein Zeitfenster gegeben, in dem eine partnerschaftliche Zusammenarbeit mit Russland möglich gewesen wäre. Das Fenster wurde von russischer Seite weit geöffnet.

Spätestens 2005/06 allerdings wurden diejenigen Kräfte stärker, die es immer schon für einen Fehler gehalten hatten, ausgerechnet nach Westen Fenster zu öffnen. Russland ging es aufgrund der hohen Öl- und Gaspreise wirtschaftlich immer besser und der Anspruch, auch auf politischer Bühne international gleichberechtigt wahrgenommen zu werden, wurde immer deutlicher. Doch weder in den europäischen Hauptstädten noch in der Führungsebene der EU, die gerade damit beschäftigt war, die neu hinzugekommenen osteuropäischen Mitglieder zu integrieren, noch in Washington gab es substantielle Reaktionen geschweige denn eine Strategie, wie mit dem «Partner» Russland umzugehen sei.

Mitte des vergangenen Jahrzehnts wäre eine internationale Agenda mit Russland noch möglich gewesen. Sogar 2008 gab es noch einmal eine russische Initiative für einen europäischen Sicherheitsvertrag, die der damalige Präsident Dmitri Medwedew bei seinem Antrittsbesuch in Berlin vorstellte. Das führte jedoch nicht zu irgendwelchen Konsultationen oder Verhandlungen, es wurde schlicht ignoriert. Und dann überschlugen sich die Ereignisse: Zwischen Georgien und Russland kam es zu kriegerischen Auseinandersetzungen und die weltweite Finanzkrise überlagerte alles. Da war für russische Kooperationsangebote kein Platz mehr.

Als Wladimir Putin dann zum dritten Mal als russischer Präsident in den Kreml zog, war es nur folgerichtig, aus der euro-atlantischen Orientierung sukzessive eine euro-asiatische zu machen. Die lange Reihe westlicher Zurückweisungen und völliger Ignoranz russischer Interessen liest sich aus russischer Sicht auszugsweise so: Die NATO bombardiert Jugoslawien bzw. Serbien Ende der neunziger Jahre, obwohl Russland im Sicherheitsrat dagegen protestiert; die USA und Großbritannien starten 2003 aufgrund gefälschter Beweise eine Militäroperation im Irak; 2011 missbraucht der Westen eine UN-Resolution, die dem Schutz der Zivilbevölkerung in Libyen dienen soll, zum Sturz Gaddafis. In Syrien werden zweifelhafte Rebellengruppen mit Waffen unterstützt, um das Assad-Regime zu beseitigen. Und überall dort, wo «Regime-

change» unter der Überschrift «Demokratisierung» gelungen ist, fliegt Russland aus alten Verträgen raus und
vor allem westliche Industrienationen, allen voran die
USA, bemächtigen sich der lukrativsten Geschäfte.

Vor diesem Hintergrund und angesichts der eindeuti-
gen Positionierung des Westens zum Thema Ukraine,
kann es nicht wirklich verwundern, dass aus dem zu Pe-
restroika-Zeiten geliebten und bewunderten «Freund» im
Westen der «Feind» oder zumindest der «Gegner» geworden ist, dem man eben doch nicht trauen kann. So herum
funktioniert die Geschichte nämlich auch.

4. Kapitel

Die Idee vom Frieden

1983 hatte der damalige amerikanische Präsident Ronald Reagan die Sowjetunion «Reich des Bösen» genannt. Dann begannen die Gipfeltreffen zwischen dem mächtigsten Mann der westlichen Welt und dem sowjetischen Generalsekretär Michail Gorbatschow. Erst in Genf (November 1985), und Reykjavik (Oktober 1986), ganz vorsichtig an neutralen Orten, dann im Dezember 1987 in Washington. Zum ersten Mal war der eine im Land des anderen zu Gast und ich kann mich noch sehr gut an die Aufregung und Anspannung erinnern, die bei der Moskauer Bevölkerung und in weiten Teilen des Landes herrschten. Schon Tage vor dem Ereignis widmeten sich die sowjetischen Medien ausgiebig diesem Thema. Vom Stimmungsbericht aus der «typisch amerikanischen Familie», wie es hieß, bis zu Expertendiskussionen über Abrüstungsfragen konnten sich Fernsehzuschauer und Zeitungsleser in der Sowjetunion kundig machen.

Bereits ein halbes Jahr später stand der Gegenbesuch auf dem Programm: Reagan kam nach Moskau. Die Aufmerksamkeit der sowjetischen Bevölkerung galt diesmal mehr ihrer eigenen Innenpolitik, denn vier Wochen nach dem hohen amerikanischen Besuch war eine große Parteikonferenz geplant, von deren Ausgang das Schicksal der Perestroika-Politik abhing. Da lange Zeit nicht feststand, auf welche Weise die Delegierten für die Parteikonferenz zu bestimmen seien, wurde wild spekuliert und man konnte den Eindruck gewinnen, der hohe amerikanische Besuch störe in dieser wichtigen Phase innenpolitischer Entscheidungen.

Bei den üblichen Straßenumfragen, die ein Stimmungsbild wiedergeben sollen, zeigten sich die Menschen dennoch auskunftsfreudig. Sie äußerten sich sehr differenziert und hoffnungsvoll zu ihren Erwartungen an das erneute Gipfeltreffen. Aus meinen damaligen Aufzeichnungen kann ich eine dieser Umfragen genau rekonstruieren. Da gab es einen 60jährigen Ingenieur, der mich und umstehende Sowjetbürger mit Nachdruck darauf hinwies, dass man Innen- und Außenpolitik nicht so trennen dürfe. Schon Lenin habe gesagt, dass Außenpolitik die logische Fortsetzung der Innenpolitik sei. Perestroika und Glasnost machten eine Außenpolitik der Öffnung und der Kompromissbereitschaft erst möglich. Die Zeit der Ultimaten sei vorbei. Es gehe um die Sicherheit der *ganzen* Welt und deshalb seien die sowjetisch-amerikanischen Verhandlungen so wichtig. Die Zahl der strategischen Offensivwaffen zu halbieren, das werde wohl nicht gelingen diesmal, aber solche Treffen würden helfen, die Atmosphäre zu verbessern und die Beziehungen zu den Amerikanern zu stärken – auch ohne Vertragsabschluss. Ein 28jähriger Milizionär gab seiner Hoffnung Ausdruck, dass Reagan den Abrüstungsvertrag, der beim letzten Gipfel abgeschlossen wurde, ratifiziert in der Tasche habe, wenn er nach Moskau komme, denn – so sagte er – auch die Amerikaner müssten doch begreifen, dass ohne Freundschaft und Vertrauen in dieser Welt gar nichts mehr laufe. Ohne Frieden lohne sich alles andere sowieso nicht, meinte eine 22jährige Wirtschaftsstudentin. Daran, dass diesmal kein Abrüstungsvertrag zustande kommen könnte, mochte sie gar nicht denken, aber sollte es so kommen, dann diene dieses Treffen wenigstens dazu, mehr übereinander zu erfahren – «die Amerikaner über uns und wir über die Amerikaner; und dass wir uns auf kulturellem Gebiet austauschen und uns leichter besuchen können». Für eine 64jährige Rentnerin war nur wichtig, dass sie sich einig seien über den Frieden, «unser Michail Sergejewitsch und der amerikanische Präsident». «Was wir im Krieg gelitten haben», sagte sie, «könnt ihr Jungen euch nicht vorstellen. Ich bin übel zugerichtet worden, aber ich hab's überlebt, deshalb zählt nur eins, der Frieden.» Zwei junge Frauen, die mit ihren Kinderwägen im Laufschritt vorbeikamen und eigentlich keine Zeit hatten, sich an Umfragen zu beteiligen, waren angesichts des Themas doch bereit Auskunft zu geben. Ein neuer Abrüstungsvertrag sei im Moment eher nicht zu erwarten, da waren sich beide einig, aber «wir haben angefangen miteinander zu reden und wir dürfen nicht ungeduldig werden».

«Wir haben angefangen miteinander zu reden.» Es brach eine Zeit an, in der die Menschen in den so unterschiedlichen Gesellschaften neugierig aufeinander waren und in der sich die Sowjetunion in ungeahnter Weise öffnete und vertrauensvoll auf den Westen zuging. Ganz besonders auf Deutschland. Das kann man angesichts der Tatsache, dass Hitler-Deutschland die Sowjetunion überfallen und mit einem beispiellosen Vernichtungskrieg überzogen hat, gar nicht hoch genug einschätzen. Statt kollektiver Schuldzuweisung und Unversöhnlichkeit Ver-

zeihen für ein ganzes Volk, in dem die Täter noch nicht
ausgestorben waren. Mir fällt kein anderes Land als die Sowjetunion bzw. Russland ein, wo sich ein vergleichbares
Verhalten so ausgeprägt gezeigt hätte. Selbstverständlich
ist das nicht. Was für eine Chance für dauerhaften Frieden.

Das Ende der Ost-West-Konfrontation, keine Notwendigkeit mehr für ein durch den Besitz von Atomwaffen
gewährleistetes Gleichgewicht des Schreckens – als die
meisten Menschen, ich eingeschlossen, beseelt waren
vom Gedanken an eine friedliche Welt, in der wir alle zusammen an einer stabilen Ordnung bauen können, in der
für Feindbilder kein Platz mehr ist, gelang in atemberau-
bendem Tempo die deutsche Vereinigung. Auch das ist
im allgemeinen Bewusstsein so selbstverständlich geworden. Wie viel es die Sowjetunion gekostet hat – ich spre-
che nicht von Mark und Pfennig oder Rubeln und Kope-
ken – machen sich die wenigsten heute noch klar. Anders
sind viele Schlagzeilen und manche politischen Statements nicht zu erklären. In dieser freud- und hoffnungs-
vollen Phase 1989/90 wollte ich nicht hören, was mir ein
allseits geschätzter deutscher Politiker im persönlichen
Gespräch damals sagte: Wir werden den Zeiten der
Ost-West-Konfrontation noch hinterhertrauern. Ich hielt
ihn zunächst für einen Spielverderber und Wichtigtuer
und habe erst später begriffen, wie weitsichtig seine Aussage war.

Sicherer ist die Welt weiß Gott nicht geworden. Im
Nachhinein betrachtet halte ich diese Entwicklung allerdings nicht für zwangsläufig. Es hätte nicht so kommen
müssen. Es hat Stimmen gegeben, die davor warnten,
nach dem Zusammenbruch der Sowjetunion die Welt in

Sieger und Besiegte einteilen zu wollen und so zu tun, als müsse sich für Menschen im Westen gar nichts, für die im Osten aber alles ändern.

Nach dem Fall der Berliner Mauer war die geopolitische Landkarte nicht mehr dieselbe. In dieser historisch bedeutenden Phase war es mir im März 1990 zusammen mit meinem Kollegen Stephan Kühnrich vom DDR-Fernsehen gelungen, ein Interview mit Michail Gorbatschow zu bekommen. Für einen in Moskau akkreditierten Korrespondenten aus dem Westen zuvor undenkbar. Hintergrund für unser Ansinnen waren die wilden Spekulationen darüber, ob ein vereintes Deutschland bündnisneutral sein müsse oder doch als Gesamtstaat Mitglied der NATO werden könnte. Wir wollten an die Quelle, zum Mann an den Schalthebeln der Sowjetunion, und uns nicht auf die zahlreichen selbsternannten Berater verlassen.

Auf meine Frage nach den künftigen Beziehungen zwischen einem vereinten Deutschland und der Sowjetunion antwortete Michail Gorbatschow: «Es hat immer eine Zusammenarbeit gegeben, auch wenn man aus manchem eine Lehre ziehen muss. Insbesondere dürfen wir nicht vergessen, was geschah, als in Deutschland der Faschismus an die Macht kam, welche Folgen er für uns alle hatte, für das sowjetische Volk und für die Deutschen. Dass wir nun einen vertrauensvollen Weg eingeschlagen und die Beziehungen auf eine neue Grundlage gestellt haben, auch die Zusammenarbeit im bilateralen Interesse und im Interesse der ganzen Welt, das ist, glaube ich, eine wichtige Errungenschaft der beiden Völker, der beiden Staaten, und das muss so bleiben. Wir unsererseits werden alles tun, damit es so bleibt, aber hier spielt eben, wie gesagt, das gegenseitige Interesse eine große Rolle. Die Aussichten sind gut. Ich sehe, wie groß das Interesse der Deutschen aus der Bundesrepublik, der Geschäftsleute, ist. Eine Vereinigung der intellektuellen und wissenschaftlichen Kräfte und der technischen Ressourcen zwischen unseren Staaten und Völkern kann auch für unsere Völker von Vorteil sein. In diesem Sinne bin ich sehr optimistisch.»

Zwischen dieser Aussage «In diesem Sinne bin ich sehr optimistisch» und dem Erscheinen des vorliegenden Buches liegen ziemlich genau 25 Jahre. Und was ist vom Optimismus und den großen Hoffnungen übrig geblieben?

Zunächst standen die Zeichen gut. Russland sollte in internationale Organisationen eingebunden werden. So wurde schon im November 1990 die «Charta von Paris für ein neues Europa» auf einem Sondergipfel der KSZE von den USA und Kanada, sowie von der Sowjetunion und 31 europäischen Ländern unterzeichnet. Darin wurde die Spaltung Europas für beendet erklärt. Dieses Dokument gilt bis heute als Schlusspunkt der alten Konfrontations-Ära und Beginn einer neuen Zeit. 1992 folgte die Aufnahme sowohl in den Internationalen Währungsfonds (IWF) als auch in die Weltbank. Im Dezember 1997 trat das Partnerschafts- und Kooperationsabkommen zwischen der Europäischen Union und Russland in Kraft (nachdem es 2007 ausgelaufen ist, wird seit 2008 mit Unterbrechungen wegen des Georgienkrieges neu verhandelt). Aus den G7, der Gruppe der sieben führenden Industrienationen, wurde 1998 mit Russland die G8 (im März 2014 haben die übrigen Mitglieder Russland wegen der Krimkrise ausgeschlossen). Moskau bekam also Zutritt zu bislang rein westlichen Clubs, aber eine Zusammenarbeit auf Augenhöhe war damit nicht verbunden.

Russland stand von Anfang an unter strenger Beobachtung und sollte sich bewähren, wobei die Fristen, die man dem Land für den Umbau seiner staatlichen und gesellschaftlichen Strukturen einräumte, wesentlich kürzer waren als die Zeiträume, die der Westen sich selbst für viel unkompliziertere Vorgänge zubilligte. In der russischen Wahrnehmung lag die eigene Rolle zwischen der eines Bittstellers und der eines Juniorpartners; aus westlicher Sicht werden dagegen eher Begriffe wie «Hand reichen» und «Großzügigkeit» verwendet. Schon in dieser Phase, in der ersten Hälfte der neunziger Jahre, wurde es versäumt, eine neue Sicherheitsarchitektur zu schaffen, in der auch Russland, als Nachfolger der Weltmacht Sowjetunion, seinen Platz hätte finden können. Stattdessen verhielt sich der Westen wie der Sieger des Kalten Krieges und glaubte, über russische Interessen hinweggehen zu können. Und das sollte sich fortsetzen.

Ein Knackpunkt im Ost-West Verhältnis ist und bleibt die NATO bzw. die NATO-Osterweiterung. Schon 1993 stand dieses Thema auf der Agenda der USA. 1997 wurden Verhandlungen mit Polen, Tschechien und Ungarn aufgenommen. Im März 1999 traten diese Staaten der NATO bei. 2004 folgten Bulgarien, Estland, Lettland, Litauen, Rumänien, die Slowakei und Slowenien, 2009 schließlich Albanien und Kroatien.

Im Westen will die Kritik daran kaum noch jemand hören: Ist doch ein alter Hut, kann man in Moskau nicht endlich akzeptieren, dass es sich um die freie Entscheidung souveräner Staaten gehandelt hat? «Die wurden ja nicht gezwungen, einen Aufnahmeantrag in die NATO zu stellen», habe ich nicht selten als Argument gehört. Aber in Russland, und zwar nicht nur in der politischen Elite, sondern auch in weiten Teilen der Bevölkerung, wird diese Geschichte nach wie vor mit einem Wortbruch verbunden.

Das Tragische an dieser Sache ist, dass hochrangige deutsche Politiker im persönlichen Gespräch die NATO-Osterweiterung gleich zu Beginn als den größten Fehler nach dem Zweiten Weltkrieg bezeichnet haben. Aber es war ihnen, aus welchen Gründen auch immer, nicht möglich, entsprechende Zitate zu autorisieren, so dass ich sie in meinen Büchern hätte verwenden dürfen. Die große Sorge, die sich in den nicht autorisierten Aussagen zeigte, war kleiner als die Angst davor ins politische Abseits zu geraten.

Ich gebe zu, dass meine Enttäuschung über dieses Verhalten bis heute andauert. Wie ist es um die Qualität eines politischen Systems bestellt, in dem Zivilcourage zwar als Wert gilt, aber nur solange sie in den vorgegebenen Rahmen passt? Ein guter Freund, der schon vor Jahren gestorben ist, hat einmal unsere «Hosenscheißergesellschaft» beklagt. Ich habe dem nicht allzu viel entgegenzusetzen, wenn ich meine Erfahrungen von damals und meine Gespräche von heute betrachte. Sobald «die Gefahr» besteht, dass davon etwas öffentlich werden könnte, wird die Reißleine gezogen. Das kommt gerade nicht gut. Und wer riskiert schon gerne seinen Job? Ich verstehe das auch, besonders, wenn es sich nicht um Einzelkämpfer sondern um Menschen mit Familie handelt, für die sie verantwortlich sind. Doch dass so etwas in unserem freiheitlich demokratischen System eine Rolle spielen kann – das enttäuscht mich am allermeisten. Nennen Sie es naiv, wenn Sie wollen, aber ich will mich nicht von einem Menschenbild verabschieden, das die Grundlage für all die Werte bildet, von denen wir im Westen so gerne reden und die wir mit Macht für uns reklamieren.

Im Januar 1998, nach Beginn der ersten Verhandlungen mit Polen, Tschechien und Ungarn, habe ich einen Vortrag gehalten mit dem Titel «Die Osterweiterung der NATO und andere Stolpersteine im deutsch-russischen Verhältnis». Meine Fassungslosigkeit über die angesprochenen Verhaltensweisen wird darin spürbar. Deshalb werde ich im Folgenden einige Male daraus zitieren:

Da haben wir nun mühsam die Zeiten des Kalten Krieges überstanden, wenn auch nicht überwunden und schon basteln wir an einer Neuauflage, nur mit leicht verschobenen Grenzen. Bei allem Verständnis für das Sicherheitsbedürfnis der Polen, aber auch der Litauer und anderer – es ist ein verhängnisvolles Signal, diese Länder in die NATO aufnehmen zu wollen. Allein die Diskussion darüber hat unermesslichen Schaden angerichtet. Es ist doch so: Wenn man von der Ost-West-Konfrontation ernsthaft Abschied nehmen will, wirklich und wahrhaftig, dann gibt es theoretisch nur zwei Möglichkeiten: entweder die ehemaligen Ostblockstaaten inklusive Russland aufzunehmen – was praktisch ein Wahnsinn wäre, also ausscheidet – oder aber sich neue Sicherheitsstrukturen für unsere Welt auszudenken. Die alten taugen offenbar bei Regionalkonflikten nichts. Und Regionalkonflikte sind die Gefahr der Zukunft, noch dazu viel unberechenbarer als es der Ost-West-Konflikt je war. Die weltpolitische Landkarte hat sich verändert. Es würde sich ganz bestimmt lohnen, und zwar für alle Beteiligten, ernsthafter als es der Fall ist, darüber nachzu-

denken, wie man die OSZE (Organisation für Sicherheit und Zu-
sammenarbeit in Europa) ausbauen könnte, sie zumindest als
Ansatz für eine neue umfassende Sicherheitsstruktur zu nehmen,
statt zu glauben, ein Militärbündnis, nämlich die NATO, beibe-
halten zu können, während das andere, nämlich der Warschauer
Pakt, aufgelöst wurde.

Bei meinen diversen Gesprächen mit Michail Gorbatschow im Laufe der Jahre hat dieses Thema immer wieder
eine Rolle gespielt und seine maßlose Enttäuschung war
deutlich zu spüren. Als es um die deutsche Vereinigung
ging, so hat er mir gegenüber damals durchblicken lassen, herrschte nach seinem Eindruck zwischen allen Beteiligten Einvernehmen darüber, dass sich die NATO
nicht nach Osten ausdehnen werde. Das war ganz wichtig
für den Vereinigungsprozess.

Wer was in den entscheidenden Gesprächen gesagt
bzw. zugesagt hat – darüber ist inzwischen viel geschrieben und spekuliert worden. Genaues wird man wohl erst
wissen, wenn tatsächlich alle diesbezüglichen Akten in
Moskau, Washington und Berlin zur Einsicht freigegeben
sind. Fakt ist, dass Gorbatschow mit Blick auf die DDR
zunächst jede Ausdehnung der NATO-Zone für inak-
zeptabel hielt. In dem bereits erwähnten Interview im
März 1990 hat er auf meine Frage, ob es denkbar sei, dass
die Sowjetunion einer wie auch immer beschaffenen
NATO-Mitgliedschaft des vereinten Deutschlands zu-
stimme, eindeutig geantwortet: «Nein, da werden wir
nicht zustimmen, das ist absolut ausgeschlossen.» Zu diesem Zeitpunkt bestand der Warschauer Pakt noch, der
militärische Gegenspieler der NATO auf östlicher Seite,
und Gorbatschow äußerte die Hoffnung, dass «sich

NATO und Warschauer Pakt zu militärisch-politischen oder politischen Organisationen hin verändern. In diesem Fall muss um die Frage, wo Deutschland stehen soll, nicht geschachert werden.»

Schließlich ist es dann doch gelungen, die Sowjetunion davon zu überzeugen, die NATO-Mitgliedschaft des vereinten Deutschland zu akzeptieren. Möglicherweise spielte dabei das gute Verhältnis zwischen dem damaligen Außenminister Genscher und seinem sowjetischen Amtskollegen Schewardnadse eine entscheidende Rolle, die sich gegenseitig vertrauten, auch ohne alles bis ins letzte Detail vertraglich abzusichern.

Fakt ist: Deklassifizierten Akten des State Department ist zu entnehmen, dass der damalige amerikanische Außenminister James Baker am 9. Februar 1990 bei seinen Gesprächen mit Gorbatschow und Schewardnadse im Kreml «eisenfeste Garantien» versprochen hat, «dass weder die Jurisdiktion noch die Streitkräfte der NATO nach Osten verschoben werden», wenn Moskau mit der NATO-Mitgliedschaft des vereinten Deutschlands einverstanden sei. Demnach habe Moskau die Wahl gehabt zwischen einem «unabhängigen Gesamtdeutschland außerhalb der NATO und ohne US-Truppen auf deutschem Boden» und der «Einbindung des vereinten Deutschland in die NATO», bei gleichzeitiger Garantie, die NATO über die ehemalige DDR hinaus nicht weiter auszudehnen. Gorbatschow habe gesagt, «Jede Ausdehnung der NATO-Zone ist unakzeptabel». Darauf Baker: «Dem stimme ich zu».

Nun darf man aber nicht vergessen, dass sich die Notwendigkeit, ein Verbot der NATO-Osterweiterung über das vereinte Deutschland hinaus schriftlich zu fixieren, nicht aufdrängte angesichts der Tatsache, dass der Warschauer Pakt noch existierte. Dass die Geschichte derart Fahrt aufnehmen würde – am 31. März 1991 werden die militärischen Strukturen des Warschauer Paktes abgeschafft, am 1. Juli 1991 löst er sich ganz auf und Ende 1991 ist die Sowjetunion verschwunden –, war zu diesem Zeitpunkt nicht absehbar.

Die NATO-Osterweiterung, die im Übrigen auf Amerikanisch weniger freundlich «NATO Expansion» hieß, barg Risiken, die bereits 1998 deutlich erkennbar waren und aus denen heute Realität geworden ist. Ich habe damals in dem schon erwähnten Vortrag gesagt: *Reicht Ihre Phantasie sich auszumalen, was der Westen damit im Bewusstsein von Russen auslöst? Müssen wir uns da noch wundern, wenn sich immer mehr enttäuscht vom Westen abwenden? Wer hier so argumentiert, man könne der demokratischen Entwicklung in Russland nicht trauen und müsse sich deshalb absichern und gerade Ländern wie Polen Beistand anbieten, der bringt etwas durcheinander. Umgekehrt wird ein Schuh draus: Weil sich der Westen nicht entschließen kann, Russland als vollwertigen Partner zu behandeln, verhindern wir Normalisierungsprozesse in diesem Koloss.*

Es zeugte wahrlich nicht von politischem Augenmaß im Westen, die NATO nach Osten auszudehnen. Von Fingerspitzengefühl in dieser sensiblen Phase gar nicht zu reden. Ohne Rücksicht auf Befindlichkeiten verkündeten die USA zum Beispiel einen großen Waffenverkauf an Polen und wollten ihn als Vorbereitung für die künftige NATO-Mitgliedschaft des Landes verstanden wissen. Daran war zweierlei irritierend. Zum einen hatte Polen gerade zu der Zeit sicher andere Prioritäten zu setzen als sich teures westliches Militärgerät zuzulegen, das im Zweifel durch ausländische Kredite finanziert wurde, deren Mittel dann letztlich – wie so oft – westlichen Firmen zugute kamen. Zum anderen: Während einige Politiker bemüht waren, die Russen davon zu überzeugen, dass der Westen sie nicht ausgrenzen und isolieren wolle, schufen die Amerikaner vollendete Tatsachen, indem sie in dieser fragilen Zone westliche Waffensysteme installierten. Für die atmosphärische Dekoration sorgte dann noch ein Staatsbesuch des amerikanischen Präsidenten in Polen, was einen hochrangigen deutschen Regierungspolitiker zu der Bemerkung veranlasste: «Die wissen alle nicht, was sie anrichten. Für die Russen ist das doch so, als mute man den Amerikanern zu, Mexiko oder Kanada in den Warschauer Pakt aufzunehmen.» Vergleiche hinken immer, das weiß jeder, aber sie aktivieren zumindest die passenden Gehirnwindungen. Es ist wie so oft: Es ging damals nicht um Sicherheit, sondern um Macht und Rüstungsaufträge. Die ehemaligen Ostblockländer mussten – im wahrsten Sinne des Wortes – von Grund auf umgerüstet werden, um «NATO-kompatibel» zu sein. Ein tolles Geschäft für die entsprechenden westlichen Firmen. Der damalige russische Verteidigungsminister Rodionow hat einmal ohne die üblichen diplomatischen Verrenkungen gesagt, was viele, eben auch deutsche Politiker, dachten: «Die NATO dient den USA dazu, ihre uneingeschränkte Vorherrschaft in der Welt zu befestigen.»

Nochmal aus dem Vortrag von 1998: *Der Westen ist durch tumbe und arrogante Politik auf dem besten Weg, in Russland alles an Isolationsängsten zu mobilisieren, was sich denken*

lässt. Man kann das nicht nur unter dem Stichwort «Verfolgungs-
wahn» (der Russen) abtun. Denn abgesehen von den historischen
Erfahrungen, die die Russen, damals Sowjets, machen mussten,
hat die Sorge vor Einkreisung ganz aktuelle reale Grundlagen,
die auch Westler zur Kenntnis nehmen müssten. Mal ein (geisti-
ger) Blick auf die Landkarte: Von Westen her: die NATO-Oster-
weiterung. Und warum sollten die Russen den Beteuerungen
glauben, dass keine Atomwaffen bis an die Grenzen vorgezogen
werden? Wie sieht es im Südwesten aus? Da ist die Türkei, die
gemeinsam mit Aserbaidschan versucht, Russland bei Ölgeschäf-
ten auszutricksen. USA und Großbritannien unterstützen das
ganz offen. Gehen wir weiter nach Süden. Iran und Pakistan sind
meist zu finden, wenn es darum geht, islamische Extremisten ge-
gen Russland zu unterstützen (das passiert mit Rückendeckung
der USA). Im Südosten treffen wir auf China, wo sich sehr lang-
sam und mühselig eine Annäherung abzeichnet. Dazu gleich
noch ein Wort mehr. Und noch weiter im Osten liegen Japan und
der Dauerstreit um die Kurilen-Inseln. Faktisch eher marginal,
aber psychologisch bedeutsam und mit Symbolwert versehen.
Und wie wir alle wissen, sind das die wirklich gefährlichen Krisen-
herde, neben den Konflikten aufgrund handfester wirtschaftli-
cher Interessen natürlich. Der kleine Nachtrag zu China: Wer
weiß, vielleicht hält in zehn Jahren hier jemand einen Vortrag
über die verpassten Chancen und gibt Ihnen einen historischen
Abriss darüber, wie der Westen Russland systematisch in chinesi-
sche Arme getrieben hat und der östliche Teil der Welt dem westli-
chen die Spielregeln diktiert.

Man kann es drehen und wenden wie man will, es
bleibt die schlichte Frage nach dem Warum. Ein Bedro-
hungsszenario war nicht glaubhaft. Das bestätigten sowohl sicherheitspolitische Autoritäten als auch amtliche

Lageanalysen aus westlichen Hauptstädten. Die NATO wurde nun einmal als Verteidigungsbündnis gegen eine Bedrohung von außen gegründet. Den Feind von einst gab es nicht mehr, es gab nicht einmal einen Gegner. Oder doch?

Durch den Zusammenbruch des Ostblocks und das Verschwinden des Warschauer Paktes bekam die NATO Probleme mit ihrem Selbstverständnis, mit ihrer Identität. Wozu noch dieses Bündnis? Es gab einen gewissen Zwang zur Rechtfertigung der eigenen Existenz. So schwammige Begriffe wie «Krisenbewältigung», «Stabilitätstransfer» oder «Partnerschaft für den Frieden» resultieren genau aus diesem Dilemma. 1994 hat sich die NATO unter anderem so definiert: Wir sind eine Gemeinschaft von Staaten zur Verteidigung gemeinsamer Interessen. Das hört sich harmlos an, ist es aber nicht. Diese Formulierung enthält Sprengstoff.

Der erste Einsatz auf europäischem Boden ließ denn auch nicht lange auf sich warten. Und zwar nicht in der herkömmlichen Verteidigungsrolle der NATO, um eigene Mitglieder zu schützen, sondern in einem so genannten Out-Of-Area-Einsatz, außerhalb des NATO-Gebietes. Am 12. März 1999 traten Polen, Tschechien und Ungarn der NATO bei, am 24. März 1999 begannen die Luftschläge gegen Serbien im Rahmen des Kosovokrieges. Für Russland war diese militärische Intervention der NATO ein wichtiges Zeichen dafür, dass der Westen russische Interessen im Zweifel ignorieren zu können glaubte.

Ohne auf die komplizierten Einzelheiten der Geschichte Jugoslawiens mit seinen sechs Teilrepubliken Slowenien, Kroatien, Bosnien-Herzegowina, Serbien,

Montenegro und Mazedonien einzugehen – Fakt ist, dass die politische Führung in Belgrad den Zerfall Jugoslawiens militärisch zu verhindern versuchte. Schon 1995 wurden serbische Stellungen in Sarajewo von der NATO bombardiert. Russische Proteste blieben unberücksichtigt. Es gab Krieg, doch letztlich konnten sich Kroatien, Slowenien und Bosnien-Herzegowina mit ihren Unabhängigkeitsbestrebungen durchsetzen.

Anders verhielt es sich im Kosovo. Die in der jugoslawischen Verfassung verankerte Autonomie der Provinz war schon 1989 aufgehoben und durch eine serbische Verwaltung ersetzt worden. In der Folge bildete sich eine sogenannte Befreiungsarmee im Kosovo, die UÇK, die gewaltsamen Widerstand leistete. Es kam zum Bürgerkrieg. Ganze Dörfer wurden dem Erdboden gleichgemacht. Beide Seiten begingen Verbrechen gegen die Menschlichkeit. Die Weltöffentlichkeit wollte nicht länger zuschauen – wie es immer so schön heißt –, und es gelang auf Initiative der so genannten Kontaktgruppe, in der auch Russland vertreten war, die Konfliktparteien im Februar 1999 nach Rambouillet in Frankreich zu holen, um nach einer friedlichen Lösung zu suchen. Als die Verhandlungen scheiterten, beschloss die NATO Luftangriffe auf Belgrad, um eine «humanitäre Katastrophe» zu verhindern. Moskau war dagegen, konnte sich aber nicht durchsetzen.

Für das Verhältnis zwischen Russland und dem Westen kann die Bedeutung des Kosovokrieges gar nicht hoch genug eingeschätzt werden. Russland musste die Erfahrung machen, dass der UN-Sicherheitsrat komplett übergangen wurde und sich in der westlichen Staatengemeinschaft kaum jemand darüber aufregte. Die völker-

rechtliche Legitimation stand auf mehr als wackligen Füßen. Für Moskau hieß das: Der Westen hält sich selbst
nicht an die Regeln, an denen er uns misst.

Die Luftschläge gegen Serbien waren aber auch aus einem anderen Grund von zentraler Bedeutung. Seit den
ersten Überlegungen zu ihrer Osterweiterung war, gewis-
sermaßen als Kompensationsangebot, die Zusammenarbeit zwischen der NATO und Russland intensiviert worden. 1994 schuf die NATO das Programm «Partnerschaft
für den Frieden», das Nichtmitgliedern eine militärische
Zusammenarbeit anbot, so auch Russland. Drei Jahre
später wurde das Verhältnis zu Russland in einem geson-
derten Abkommen, der «Grundakte über gegenseitige Beziehungen, Zusammenarbeit und Sicherheit», geregelt.
Für die kontinuierliche Arbeit wurde damals der «Stän-
dige Gemeinsame NATO-Russland-Rat» geschaffen, aus
dem 2002 der «NATO-Russland-Rat» entstanden ist.

Während des Kosovokonfliktes wurde nun für Moskau mehr als deutlich, was diese Kompensationsangebote
im Konfliktfall Wert waren, nämlich praktisch nichts.
Russland wurde in die Entscheidungsfindung nicht einbezogen, seine Interessen fanden keine Berücksichtigung.
Dennoch wurde von Moskau erwartet, die Position des
Westens als vollendete Tatsache zu akzeptieren.

Zweifel daran, ob der Westen an einer echten Partnerschaft überhaupt interessiert war, mussten in Moskau
auch die seit 1999 in den USA diskutierten Pläne für ein
neues Raketenabwehrsystem in der Nachfolge von Ronald Reagans SDI wecken, das vor allem in Polen und
Tschechien installiert werden sollte. Angeblich richtete es
sich insbesondere gegen eine Bedrohung aus dem Iran,

doch wie glaubwürdig konnte das in russischen Ohren klingen? War es nicht viel wahrscheinlicher, dass damit vor allem das von den russischen Nuklearraketen ausgehende politische Drohpotenzial ausgeschaltet werden sollte?

2001 erschütterte der gigantische Terroranschlag die Welt, der unter dem Namen «nine eleven» in die Geschichte eingegangen ist und der – so zynisch das klingen mag – dafür sorgte, dass sich die Zusammenarbeit zwischen Russland und den USA im Kampf gegen den Terror verbesserte. Für kurze Zeit wuchs die Welt wieder zusammen. Russland akzeptierte die amerikanische und westliche Militärpräsenz in Afghanistan und den umliegenden Ländern, also sozusagen vor seiner Haustür, mit entsprechenden Auswirkungen auf die geostrategische Lage. Doch die Entspannung dauerte nicht lange.

Bereits im Dezember 2001 kündigten die USA einseitig den ABM-Vertrag von 1972, in dem sich Amerika und Russland auf die Abrüstung von Raketenabwehrsystemen geeinigt hatten. Für Moskau erneut ein Signal, dass sich der Westen über internationale Verträge hinwegsetzt, sobald es den eigenen Interessen dient. Der ABM-Vertrag ließ sich nicht mit den Plänen für das in Polen und Tschechien geplante Raketenabwehrsystem in Einklang bringen. Also weg damit.

2003 marschierten die USA und ihre «Koalition der Willigen» im Irak ein und stürzten den Diktator Saddam Hussein. Lügen und nachweislich gefälschte Unterlagen sollten diesen Krieg rechtfertigen, der ohne jeden Zweifel einen schwerwiegenden Bruch des Völkerrechts darstellte. Davon ist heute allerdings erstaunlich wenig die Rede, wenn es um die scharfe Verurteilung der russischen Ukrainepolitik geht. Die Unantastbarkeit des Völkerrechts wird offenbar nur dann beschworen, wenn ein nicht-westlicher Staat es bricht.

Die außenpolitischen Zumutungen unter Präsident George W. Bush hat Russland mehr oder weniger geräuschlos hingenommen. Auch dadurch ist es aber nicht zu einem akzeptierten Partner aufgestiegen, sondern wurde bei schwelenden Konflikten nach wie vor entweder als Störenfried oder als Aggressor wahrgenommen. Dies zeigte sich in aller Schärfe beim Georgienkrieg von 2008. Der Auslöser dieses Krieges war eine georgische Großoffensive auf Südossetien am 7. August. Mit Panzern, Kampfjets und Raketenwerfern ging man gegen die schlafende Zivilbevölkerung und die im internationalen Auftrag dort stationierten russischen Friedenstruppen vor. Russland schlug zurück und griff seinerseits Georgien an. Politisch und medial wurde daraufhin nicht etwa Georgien abgestraft sondern Russland. Für die georgische Position hatte man viel Verständnis und der damalige Präsident Saakaschwili kam in den Medien nahezu ungebremst zu Wort.

Da Georgien normalerweise nicht zu den Schwerpunkten unserer Berichterstattung zählt, kann man nicht davon ausgehen, dass Informationen über den politischen Alltag in diesem Land zur Allgemeinbildung gehören. Der autokratische Regierungsstil des georgischen Präsidenten, seine Wahlmanipulationen, um an der Macht zu bleiben, und seine Maßnahmen, mit denen er die Unabhängigkeit von Medien und Justiz massiv beschnitten hat, wurden bei uns eher nicht thematisiert.

Dabei wäre ein Vergleich mit Russland gerade bei diesen Punkten damals sicher nicht uninteressant gewesen. In welchem der beiden Länder es restriktiver zuging, war durchaus keine eindeutige Angelegenheit. Jedenfalls spielte die Brutalität des georgischen Angriffs und die Verletzung des Völkerrechts kaum eine Rolle, aber der Vorwurf der Unverhältnismäßigkeit der russischen Reaktion zog sich durch alle politischen Statements und die entsprechende Berichterstattung. Unter dem Stichwort «zweierlei Maß» betrachtet drängen sich Fragen auf: Wie verhältnismäßig war damals das Bombardement Belgrads, als es um das Kosovo ging? Warum respektiert der Westen das Selbstbestimmungsrecht der Kosovaren, das der Südosseten aber nicht? Warum halten wir es für Propaganda, wenn es heißt, dass die Mehrheit der Südosseten sich für Unabhängigkeit ausspricht? Und warum glauben wir auf Anhieb, wenn gemeldet wird, dass die Mehrheit der Montenegriner in die EU will? Warum glauben wir die über neunzig Prozent Zustimmung für Saakaschwili bei dessen letzter Präsidentschaftswahl in Georgien und warum halten wir die neunzigprozentige Zustimmung der Tschetschenen für einen Verbleib in der russischen Föderation zu hundert Prozent für Betrug?

Als politischer Beobachter muss man sich nicht darüber wundern, dass es in Georgien zum Krieg gekommen ist, habe ich damals geschrieben, *sondern darüber, dass Russland westliche Demütigungen und Provokationen so lange tatenlos hingenommen hat. Das fängt bei der NATO-Osterweiterung an und hört bei der Stationierung des amerikanischen Raketenabwehrsystems in Polen und Tschechien noch lange nicht auf.*

Völkerrechtlich betrachtet hatte Russland das Recht

zur Notwehr und zur Nothilfe. Notwehr wegen der eigenen Leute, nämlich den im internationalen Auftrag stationierten russischen Friedenstruppen. Nothilfe wegen der
Zivilbevölkerung. Selbst das Eindringen in georgisches
Kerngebiet war insoweit vom Völkerrecht gedeckt, als es
dazu diente, neue Angriffe von dort zu blockieren. Man
kann dieses Recht nicht Israel in Bezug auf die Palästi-
nenser zugestehen, den Russen aber nicht. Recht ist nicht
teilbar – entweder oder. Wobei ich in meinen Gesprächen
mit Völkerrechtlern den Eindruck gewonnen habe, als
greife ein tiefes Bedauern um sich, angesichts dieser prä-
ventiven Ausdehnungen – ganz gleich, wer sie für sich in
Anspruch nimmt – unter dem immer weiter gespannten
Schirm des Völkerrechts. Der einzige Punkt, wo sich
Russland in dieser Angelegenheit völkerrechtswidrig verhalten haben könnte, besteht darin, dass russische Einheiten bis in den Westen Georgiens vorgedrungen sind.
Denn damit wurden nach Ansicht einiger Völkerrechtler
die Prinzipien der Erforderlichkeit und der Verhältnismä-
ßigkeit verletzt, die dem völkerrechtlichen Notwehrrecht
Grenzen setzen.

Ein kurzer Blick in die Geschichte: Die Teilung Osseti-
ens in Nord- und Südossetien geht zurück auf eine will-
kürliche Entscheidung Stalins. Der Norden blieb in der
russischen Föderation, den Süden machte Stalin seinem
Heimatland Georgien zum Geschenk. Es hat etwas Gro-
teskes, wenn sich ausgerechnet die westliche Wertege-
meinschaft zum Hüter dieser Grenzen aufschwingt.
Russland stellte Friedenstruppen mit internationalem
Mandat in Südossetien (1992) und Abchasien (1994), den
beiden Gebieten, die sich Anfang der neunziger Jahre in

blutigen Kämpfen georgischer Kontrolle entzogen, zu
Russland tendierten, aber von Georgien weiterhin bean-
sprucht wurden. Wie intelligent es ist, eine der Konfliktparteien mit der Wahrung des Friedens zu beauftragen, ist eine ganz andere Frage, aber es handelte sich bei
der Stationierung von Truppen nicht um einen Allein-
gang Russlands.

In der Nacht des 7. August 2008, unmittelbar vor den
Eröffnungsfeierlichkeiten zur Olympiade in Peking, wo
sich die russische Führungsspitze befand, starteten georgische Truppen ihren Angriff auf die südossetische
Hauptstadt Zchinwali. Nach OSZE-Berichten wurde die
Stadt massiv von Artillerie- und Raketenbeschuss getroffen. Die georgische Behauptung, man habe lediglich auf
russische Angriffe reagieren müssen, wies die OSZE nach
entsprechenden Untersuchungen zurück. Es hatte bereits
2004 und 2006 militärische Operationen der Georgier
gegeben, die als Polizeieinsätze gegen bewaffnete Banden
gerechtfertigt wurden, die aber eindeutig gegen ein 1994
zwischen den Konfliktparteien geschlossenes Abkommen
verstießen. Darauf hat die UNO hingewiesen, und im Sicherheitsrat wurde eine Resolution verabschiedet, in der
man Georgien aufforderte, das Abkommen einzuhalten.
Oliver Wolleh von der Berghof-Stiftung für Konfliktfor-
schung kritisierte damals: «Die Georgier wurden nicht
zurecht gepfiffen, nicht von den Russen, nicht von der
EU, den USA und der UNO. Niemand hat den politischen
Druck aufgebaut ‹nein› zu sagen. Niemand hat die Verletzung des Waffenstillstandes wirklich thematisiert.»

Die Notbremse, die von den Russen gezogen wurde,
bestand darin, allen ehemaligen Sowjetbürgern in diesem

umkämpften Gebiet in einem vereinfachten Verfahren die russische Staatsbürgerschaft anzutragen. 85 Prozent der Südosseten nutzten diese Möglichkeit. Es ist wichtig zu wissen, dass die USA nach dem Zerfall der Sowjetunion gerade auf Georgien ein Auge geworfen haben. Auch hier hilft ein Blick auf die Landkarte. Georgien liegt strategisch günstig, wenn es gilt, in Mittelasien Einflusssphären zu schaffen. Daraus haben die USA auch nie ein Geheimnis gemacht. Mit US-amerikanischer Hilfe wurde der Militäretat Georgiens innerhalb von fünf Jahren von 18 auf 900 Millionen US-Dollar gesteigert, und im Sommer 2008 befanden sich etwa 150 amerikanische Militärberater in Georgien.

Parallel bemühten sich diverse NATO-Staaten, Georgien – ebenso der Ukraine – die Mitgliedschaft zu ermöglichen. Das wäre um ein Haar am 3. April 2008 auf dem NATO-Gipfel in Bukarest auch passiert. Nicht zuletzt durch das entschiedene Auftreten der deutschen Bundeskanzlerin wurde dieser Akt zwar verhindert, aber Georgien und der Ukraine wurde formal die Mitgliedschaft perspektivisch eingeräumt. Am selben Tag zitierte die Kollegin, die für das ARD-Morgenmagazin aus Bukarest berichtete, die Aussage eines NATO-Sprechers der USA, der bereits vor Jahren gesagt habe: «Wir werden Russland bis zur Schmerzgrenze reizen.» Durch die unverhohlene moralische Unterstützung der amerikanischen Regierung, insbesondere der Rhetorik des damaligen Präsidenten George W. Bush, hatte der georgische Präsident Saakaschwili keine Zweifel, richtig zu handeln, als er im August 2008 zum Angriff blies. Wie paradox und vielschichtig es zugeht, mögen Sie daraus ersehen, dass es

Phasen gab, in denen ausgerechnet der amerikanische Botschafter in Georgien damit beschäftigt war, den dortigen Präsidenten von allzu groben Provokationen in Richtung Russland abzuhalten. Denn Russland brauchte man schließlich irgendwie doch.

Es hat sich im Westen fast schon eingebürgert Russland zunächst einmal unlautere Motive zu unterstellen und es mit Misstrauen zu betrachten. Man könnte den Eindruck gewinnen, man sei schon wieder beim «Reich des Bösen» angelangt. Doch liegt Russland mit seiner Politik immer nur falsch? Anfang 2012 sorgte es mit einem Veto im Weltsicherheitsrat für Empörung. Damals stand Syrien auf der Tagesordnung und die Frage, ob die internationale Gemeinschaft angesichts des drohenden Bürgerkriegs nicht eingreifen müsse. Schnell war man sich in Politik und Medien einig, dass sich Russland wieder kräftig daneben benommen hatte, indem es verantwortungsvolles Handeln innerhalb der Weltgemeinschaft schamlos den eigenen Interessen opferte. Der türkische Außenminister sagte 2012 auf der Münchner Sicherheitskonferenz, dass sich der Kalte Krieg im Sicherheitsrat der Vereinten Nationen fortsetze, denn das russische Veto sei gegen den Westen gerichtet und habe nur am Rande mit Syrien zu tun.

Man muss die Auffassung Russlands nicht teilen, und es lässt sich auch darüber streiten, wie akzeptabel – politisch und moralisch – die Gründe für dieses Veto sind. Aber der typische Reflex greift, wie meistens, viel zu kurz. Was sind denn die Interessen Russlands und wie steht es um die Erfahrungen, die in russische Politik einfließen? Ging es wirklich nur darum, auch künftig ungehindert

Waffen nach Syrien zu exportieren und syrische Häfen auch weiterhin mit Kriegsschiffen nutzen zu können? War es die Angst davor, das Prinzip der Nichteinmischung in innere Angelegenheiten anderer zu verletzen und damit die Tür zu öffnen für Einmischungen von außen in russische Territorien?

Es empfiehlt sich zum wiederholten Male ein Perspektivwechsel, um herauszufinden, was Russland in den vergangenen zwanzig, fünfundzwanzig Jahren als gegen sich gerichtet wahrgenommen hat und was zum Verlust des nahezu grenzenlosen Vertrauens in die schöne westliche Welt geführt hat. Wie stellt sich das alles aus russischer Sicht dar? NATO-Osterweiterung, unzureichende Einbindung in die Sicherheitspolitik der NATO und bei internationalen Fragen die Verbannung an den politischen Katzentisch. In der Ukraine tobte bereits damals ein Machtkampf zwischen Amerika-Fans und Westeuropa-Begeisterten auf der einen und Russland-Orientierten auf der anderen Seite. Kaukasus und Mittelasien waren vollgestopft mit amerikanischen Militärberatern. Der Kampf ums Erdöl wurde allenthalben mit harten Bandagen geführt. Die amerikanische Politik machte keinen Hehl daraus, überall auf der Welt mit Waffengewalt einzugreifen, wenn die USA es für geboten halten. Gerade war bekannt geworden, dass im deutschen Ramstein die Zentrale des Raketenabwehrsystems eingerichtet werden sollte, an dem Russland nicht beteiligt war und das ihm zu allem Überfluss auch noch die eigene Abschreckung kaputt machte.

Ist es wirklich so verwunderlich, wenn Russland – eingedenk der eigenen Erfahrungen – dem allzu rasanten de-

mokratischen Wandel im nordafrikanischen und arabi-
schen Raum misstraut und sich nicht aufgrund einer
UN-Resolution in militärische Auseinandersetzungen
hineinziehen lassen wollte? Der Fall Libyen lag noch
nicht so lange zurück. Damals hatte Russland eine
UN-Resolution passieren lassen, in der von einer Flugver-
botszone zum Schutz der Zivilbevölkerung die Rede war
und nicht von Krieg, Bombardierung und «Regimechange». Ist es wirklich so verwerflich, in Gesprächen nach einer Lösung zu suchen, statt auf Druck und Gewalt zu
setzen, der auch weiter Unschuldige zum Opfer fallen?
Was war so falsch daran, dass der russische Präsident damals eindringlich davor gewarnt hat, auf diese Weise ein
neues Sammelbecken für islamistischen Terrorismus zu
schaffen? Der IS, der Islamische Staat, ist ja nicht vom
Himmel gefallen. Hat irgendjemand mit Russland ernsthaft erörtert, wie eine Verbesserung der Menschenrechts-
lage in Syrien *mit* Assad aussehen könnte? Auch Baschar
al-Assad wäre wie so viele andere Staatenlenker vor einem
internationalen Gericht am besten aufgehoben. Aber es
gibt diesen Automatismus nicht: Sobald der Despot ent-
machtet ist, brechen paradiesische demokratische Zeiten
an. Wer ist die Opposition? Sind die neuen Machthaber
besser als die alten? Was ist in Ägypten? Interessiert sich
noch jemand dafür, wie es heute in Libyen aussieht?

An wie vielen Orten dieser Welt drangsalieren Tyran-
nen die Bevölkerung ihres Landes, wenn die nicht so will,
wie sich der Alleinherrscher das vorstellt? Und nach welchen Kriterien mischt sich die westliche Wertegemein-
schaft ein? Dort, wo die größte Brutalität vermutet wird?
Dort, wo die meisten leiden? Dort, wo die grausame Un-

terdrückung am längsten dauert? Oder doch eher da, wo die eigenen Interessen an der Region am schwersten wiegen?

Ein Vierteljahrhundert ist vergangen seit der «eiserne Vorhang» durch die Sowjetunion beiseitegeräumt wurde und Menschen auf beiden Seiten dieser martialischen Trennungslinie von Frieden und Freundschaft träumen durften. Die Zeiten der Neugier aufeinander sind vorbei. Statt Vertrauen und Zuversicht haben sich Ernüchterung und Enttäuschung breitgemacht. Geblieben ist die Friedenssehnsucht russischer Bürger, daran hat sich nichts geändert. Im Herbst 2014 sprachen sich in einer Umfrage des Levada-Meinungsforschungsinstituts etwa 75 Prozent gegen den Einsatz russischer Soldaten in der Ukraine aus. Gleichzeitig unterstützten 86 Prozent die Politik Putins, was nur aus westlicher Sicht wie ein Widerspruch aussieht.

5. Kapitel

Die Ukraine, Russland und der Westen

Im Dezember 1991 erklärte sich die Ukraine im Zuge der Auflösung der Sowjetunion für unabhängig. Wohin sollte sie sich wenden? Nach Westen, wo der Wohlstand zu liegen schien? Nach Russland, wohin die Bindungen aus den letzten Jahrhunderten wiesen und das durch die russische Sprache und eine starke russische Minderheit in der Ukraine verankert war? Musste sie überhaupt zwischen diesen beiden Optionen wählen? Angesichts ihrer Geschichte, ihrer inneren Zerrissenheit und ihrer geostrategischen Lage wäre es sicher besser für das Land gewesen, wenn ihm diese Entscheidung erspart geblieben wäre. Letztlich hätte die Ukraine nur dann eine Chance auf eine friedliche Entwicklung gehabt, wenn es ihr gelungen wäre, eine Art Brückenfunktion zwischen Ost und West einzunehmen und sich dem Gezerre zu entziehen, das unmittelbar nach der Unabhängigkeit von allen Seiten einsetzte. Dass sich dabei die Motive auf keiner Seite in selbstloser Menschenfreundlichkeit erschöpften, muss nicht ausdrücklich betont werden.

Seit wann gibt es «die» Ukraine? Auf diese einfache Frage fällt eine einfache Antwort schwer, was Teil des aktuellen Problems ist. Denn selbst innerhalb des Landes ist die Antwort umstritten. Ein Blick in die Geschichte: Ausgerechnet die Hauptstadt Kiew ist mit der Geburtsstunde des Russischen Reiches untrennbar verbunden.

Im Jahre 882 entsteht die Kiewer Rus, die erste aktenkundige Staatengründung auf diesem Territorium. Über Jahrhunderte hinweg wechselte das Gebiet der heutigen Ukraine zwischen den angrenzenden Mächten hin und her. Seit den Teilungen Polens (1772–1795) gehörte das katholisch geprägte westliche Randgebiet zu Österreich-Ungarn, der orthodoxe Rest zum Russischen Zarenreich, das sich im Laufe des 18. Jahrhunderts auch das lose mit dem Osmanischen Reich verbundene Khanat der Krimtataren im Süden der heutigen Ukraine einverleibt hatte.

Wann genau sich die Ukrainer selbst als eine eigene ethnische Gemeinschaft bzw. eine Nation sahen, ist umstritten. Erste Ansätze gehen wohl bis ins 16. Jahrhundert zurück. Allerdings ist wichtig zu wissen, dass das Gebiet der heutigen Ukraine nie ausschließlich von Menschen bewohnt wurde, die sich als Ukrainer begriffen. Aufgrund seiner geographischen Lage und seiner wechselvollen Geschichte gab es dort immer starke ethnische sowie religiöse Minderheiten, seien es Russen, Polen, Deutsche, Rumänen, Tschechen oder Juden und Muslime.

Nach der Oktoberrevolution und dem Zusammenbruch Österreich-Ungarns am Ende des Ersten Weltkriegs bildeten sich kurzzeitig eine Westukrainische Volksrepublik auf dem ehemals habsburgischen Territorium und eine Ukrainische Volksrepublik aus der Konkursmasse des Russischen Reiches. Beide wurden jedoch von Begehrlichkeiten der im Entstehen begriffenen Sowjetunion, von Polen, Rumänien und auch der Tschechoslowakei bedrängt. Im polnisch-sowjetischen Krieg rückten polnische Truppen zeitweilig bis nach Kiew vor, doch musste

sich Polen schließlich mit dem Gebiet der Westukrainischen Volksrepublik zufriedengeben.

Der größere Teil der heutigen Ukraine wurde im
Dezember 1922 zur Sowjetrepublik, in der durch die
Zwangskollektivierung unter Stalin und Hungersnöte
Anfang der zwanziger (1921–1923) und Anfang der dreißiger Jahre (1932–1933) Millionen von Menschen elend
zu Grunde gingen. Als Hitler und Stalin Polen 1939 unter
sich aufteilten, wurden dann auch die bislang zu Polen
gehörenden westukrainischen Gebiete der Sowjetunion
zugeschlagen.

Im Zweiten Weltkrieg geriet die Ukraine größtenteils
unter deutsche Verwaltung, und etwa zwei Millionen
Menschen wurden zur Zwangsarbeit «ins Reich» ver-
frachtet. Diese Zeit war geprägt von Massenmorden und
Verbrechen, denen sowohl Juden als auch Polen und sowjetische Kriegsgefangene zum Opfer fielen. Das Drama
innerhalb der Ukraine bestand darin, dass der eine Teil mit
Hitler kollaborierte, der andere auf Seiten der Roten Armee kämpfte. Nach dem Ende des Zweiten Weltkriegs
fanden sich so Sieger und Besiegte nicht in unterschiedlichen Staaten durch Grenzen getrennt wieder, sondern
innerhalb *eines* Landes, dessen Territorium sich überdies
ausdehnte. Die 1939 schon einmal in Besitz genommene,
ehemals polnische Westukraine kam nun endgültig hinzu, ebenso einige kleinere rumänische und tschechoslo-
wakische Gebiete. Schließlich wurde 1954 die Krim, bislang Bestandteil der Russischen Föderation, durch den
bereits erwähnten sowjetinternen Verwaltungsakt an die
Ukraine übergeben, ohne Befragung der Bevölkerung
oder irgendwelche juristischen «Formalitäten». Da sich

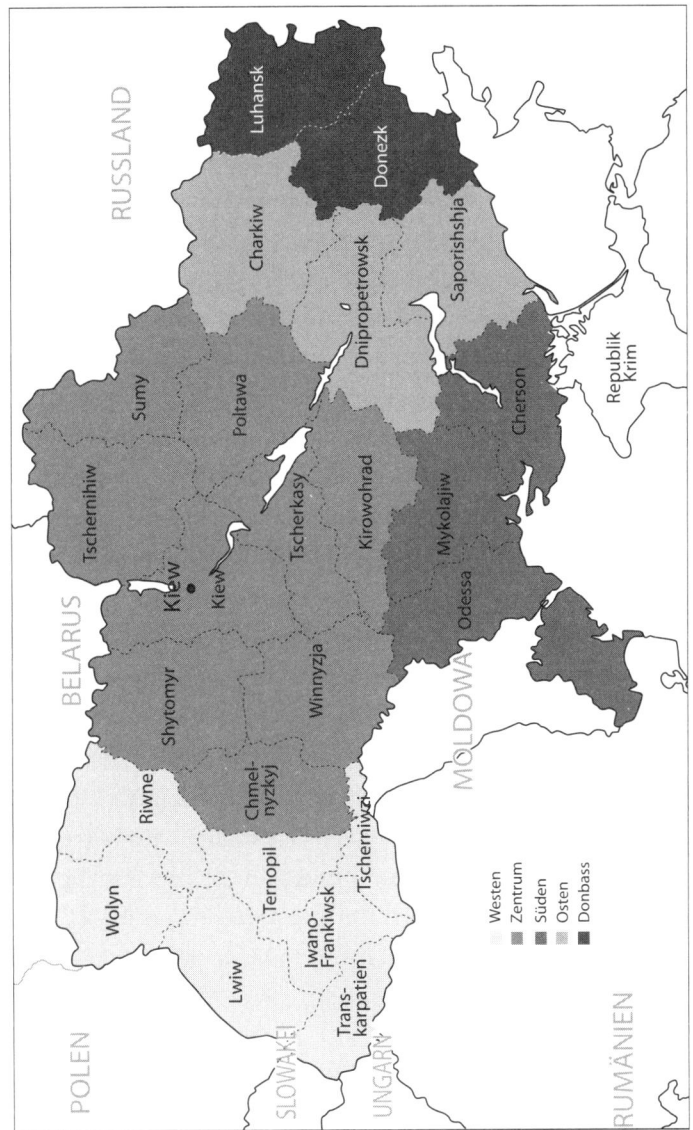

RUSSLAND

BELARUS

Luhansk

Donezk

Charkiw

Saporishshja

Dnipropetrowsk

Republik
Krim

Sumy

Poltawa

Cherson

Tschernihiw

Kirowohrad

Mykolajiw

Tscherkasy

Kiew

Kiew

Odessa

Shytomyr

Winnyzja

MOLDOWA

Chmel-
nyzkyj

Riwne

Ternopil

Tscherniwzi

Wolyn

Iwano-
Frankiwsk

Lwiw

Trans-
karpatien

RUMÄNIEN

POLEN

SLOWAKEI

UNGARN

Westen
Zentrum
Süden
Osten
Donbass

Die Ukraine und ihre Verwaltungseinheiten

Aus: ukraine-analysen, Nr. 142 vom 26.11.2014, S. 12

(www.laender-analysen.de/ukraine

dieser Vorgang innerhalb der Sowjetunion abspielte, war er damals politisch allerdings relativ bedeutungslos.

Die Verflechtungen zwischen Russland und der Ukraine, die auf eine jahrhundertelange Geschichte zurückgingen, nahmen in der Folge weiter zu. Und so wuchsen auch die gegenseitigen wirtschaftlichen Abhängigkeiten, die unter dem Dach der Sowjetunion weder als solche wahrgenommen wurden noch als Anlass für größere Streitereien dienten. Das änderte sich erst, als sich die Ukraine im Zuge der Auflösung der Sowjetunion für selbständig erklärte.

Ab 1991 also gab es die Ukraine, über die wir heute reden. Entgegen den Erwartungen – sowohl innerhalb der Ukraine als auch bei Finanzinstituten des westlichen Auslands – brachte die Selbständigkeit nicht den erhofften Aufschwung, sondern massive wirtschaftliche Probleme. Hunderttausende Menschen wanderten ab, vor allem in Richtung Westen, aber auch nach Russland, denn die familiären Verbindungen zwischen Ukrainern und Russen waren im Vergleich zu anderen ehemaligen Sowjetrepubliken besonders intensiv. Immerhin 22 Prozent der Gesamtbevölkerung in der Ukraine waren ethnische Russen, wobei ihr Anteil im Süden und Osten höher war als im Westen und auf der Krim sogar gut 67 Prozent ausmachte. Die russische Sprache war allerdings durchaus nicht auf diese Landesteile beschränkt, sondern auch im Westen vorherrschend. Selbst bei den ukrainischen Nationalgardisten und den Freiwilligen Bataillonen «an der Front» wird heute vielfach russisch und nicht ukrainisch gesprochen. Es gibt sogar eine Organisation mit Namen «Russischsprachige ukrainische Nationalisten». Wieder ein

Beleg dafür, dass die Dinge komplizierter sind als Schlagzeilen es vermuten lassen.

Leonid Krawtschuk, der erste Präsident der unabhängigen Ukraine, sandte gleich zu Beginn versöhnliche Signale an die starke russische Minderheit in seinem Land. Russen seien «seit Hunderten von Jahren (hier) ansässig» und man werde sie auf keinen Fall diskriminieren, so wie das in den baltischen Republiken zu dieser Zeit geschah. Nichtsdestotrotz gab es von Anfang an Streit um die Krim und um Sewastopol als Stützpunkt der Schwarzmeerflotte. 1992 erklärte sich die Krim für unabhängig, doch konnte ein Kompromiss gefunden werden, der ihr den Status einer autonomen Republik innerhalb der Ukraine verschaffte. Auf ein bereits geplantes Referendum zum Anschluss an Russland wurde damals noch verzichtet. Die separatistischen Kräfte erhielten allerdings 1994 bei den Parlamentswahlen auf der Krim eine klare Mehrheit, woraufhin der Streit wieder aufflammte und die Zentralregierung zeitweilig sogar die Autonomie der Krim aufhob. In einem 1995 gefundenen Kompromiss wurde diese zwar wiederhergestellt, doch zeigt die Episode, wie stark die Kräfte, die sich von Kiew trennen wollten, auf der Krim von Anfang an waren.

Auf Krawtschuk folgte Leonid Kutschma, der ein marktwirtschaftlich orientiertes Reformprogramm vorlegte, das allerdings im Parlament scheiterte. Wegen seiner Innenpolitik und mit Blick auf Demokratisierung und Rechtsstaatlichkeit ist Kutschma hochumstritten. Es wird ihm sogar Anstiftung zum Mord an einem Journalisten vorgeworfen, was sich aber nicht beweisen lässt. Außenpolitisch verfolgte er einen Kurs des Ausgleichs zwischen Russland auf der einen und der EU auf der anderen Seite. So wurde mit der EU 1994 ein Vorläufiges Partnerschafts- und Kooperationsabkommen unterzeichnet und mit Russland 1995 ein gesondertes Handelsabkommen. Ebenfalls 1995 trat die Ukraine dem Europarat bei und 1997 folgte ein Freundschaftsvertrag mit Russland. Zwar bezeichnete Kutschma den Beitritt zur EU als strategisches Ziel der Ukraine, betonte jedoch immer, dass dadurch nicht die guten Beziehungen zu Russland gefährdet werden dürften.

Nach zwei Amtsperioden konnte Kutschma laut Verfassung nicht mehr antreten. Das war 2004, das Jahr der «Orangenen Revolution». Es standen sich zwei Präsidentschaftskandidaten gegenüber: Eben *der* Viktor Janukowitsch, der im Februar 2014 von der Maidan-Bewegung aus dem Amt gejagt wurde, in das ihn die Ukrainer 2010 schließlich gewählt hatten, und Viktor Juschtschenko, auf den im Laufe des Wahlkampfes von 2004 ein Giftanschlag mit Dioxin verübt wurde. Die näheren Umstände dieses Anschlags sind bis heute ungeklärt. Eine Stichwahl mit knappem Ergebnis, die seinen politischen Gegner Janukowitsch zum Wahlsieger machte, war der Auslöser für die Aktivitäten auf dem Maidan, die unter dem Begriff «Orangene Revolution» in die Zeitgeschichte eingegangen sind. Die wochenlangen friedlichen Proteste gegen eine von den Demonstranten vermutete Wahlfälschung führten zur Wiederholung der Stichwahl, und im Januar 2005 wurde Juschtschenko vom Obersten Gericht zum rechtmäßigen Wahlsieger erklärt.

Spätestens jetzt war das Land gespalten. Der Ausgang der Wahlen war denkbar knapp gewesen und der Süden und der Osten der Ukraine hatten sich mehrheitlich für Janukowitsch entschieden. Man fühlte sich betrogen, nicht zuletzt deshalb, weil man, nicht ganz zu Unrecht, wie sich zeigen sollte, westliche Einflussnahme vermutete. Was bei der «Orangenen Revolution» so spontan aussah und sie für den mitfühlenden Betrachter so sympathisch machte, folgte einer Regie, bei der auch der Westen die Hände im Spiel hatte. Die Ukraine ist nicht das einzige Beispiel dafür. Die Spur der «Revolutions-GmbH», wie sie der «Spiegel» im November 2005 nannte, zieht sich von der «Bulldozer-Revolution» in Serbien (2000) über die «Rosen-Revolution» in Georgien (2003), die «Orangene Revolution» in der Ukraine (2004), die «Tulpen-Revolution» in Kirgistan (2005) bis zur «Zedern-Revolution» im Libanon (2005). Junge Aktivisten des jeweiligen Landes – meist Studenten und Intellektuelle – bekommen in jedweder Hinsicht Unterstützung. Die professionellen westlichen Berater werden auch aus dem Westen bezahlt, wahlweise direkt von Regierungen oder über Institutionen wie beispielsweise politische Stiftungen.

Laut der britischen Tageszeitung «Guardian» waren bei der «Orangenen Revolution» das amerikanische Außenministerium beteiligt sowie «Freedom House», eine Organisation, die ihrerseits zu großen Teilen von der amerikanischen Regierung finanziert wird. In der Wochenzeitung «Die Zeit» war von mindestens 65 Millionen US-Dollar die Rede, die aus den USA für den Wahlkampf von Juschtschenko in die Ukraine geflossen sein sollen. Auch hier taucht der Name George Soros auf, der jetzt wieder mit der Finanzierung des Kiewer Pressezentrums (Ukraine Crisis Media Center) in Verbindung gebracht wird, wo jeden Tag ein Vertreter des Sicherheitsrates der Ukraine zur Lage im Osten des Landes Stellung nimmt. Diese Erklärungen werden dann am nächsten Tag im Kern vom State Department in Washington weiterverbreitet.

Statt allenfalls im Hintergrund diplomatisch unterstützend zu wirken, um ein zur Demokratisierung entschlossenes Land auf seinem Weg in die Rechtsstaatlichkeit uneigennützig zu begleiten, wurde heute wie damals vom Westen Öl ins Feuer gegossen. Ich will gar nicht bestreiten, dass dabei auch viel Idealismus und Hoffnung auf die Verbreitung von Demokratie und Wohlstand im Spiel ist. Aber ist das wirklich alles? Gibt es da nicht auch noch andere Motive?

Unter der Präsidentschaft Juschtschenkos vollzog die Ukraine jedenfalls eine außenpolitische Kehrtwende. Auf Kutschmas Brückenpolitik folgte eine radikale Abwendung von Russland und eine einseitige Orientierung in Richtung Westen. Schon vor den Wahlen hatte Juschtschenko, der Hoffnungsträger des Westens, versprochen, den russischen Plan eines eurasischen Wirtschaftsraumes zu Fall zu bringen. Die Idee zu diesem Wirtschaftsraum geht letztlich auf Nursultan Nasarbajew zurück, den Präsidenten Kasachstans, der sie bereits 1994 – auch damals schon kasachischer Präsident – aufbrachte. Es dauerte allerdings bis zum Jahr 2000, bis sich fünf GUS-Staaten, nämlich Kasachstan, Russland, Weißrussland, Kirgistan und Tadschikistan, in der Eurasischen Wirtschaftsgemeinschaft mit dem Ziel zusammenfanden, zum Vorteil aller Beteiligten gegenseitige Handelshemmnisse aus dem Weg zu räumen. Die Ukraine hatte genauso wie Armenien und Moldawien einen Beobachterstatus.

Von Juschtschenko wurde nun eine ausschließliche Orientierung auf die EU propagiert und der NATO-Beitritt angestrebt, obwohl laut Umfragen nicht einmal ein Drittel der Ukrainer in die NATO wollte. Dementsprechend umstritten war diese Neuorientierung innerhalb des Landes. Dass die Ukraine in dieser Frage gespalten war – der Osten eher nach Russland, der Westen eher Richtung EU und NATO tendierte –, gehörte damals noch zu den Grundweisheiten, mit denen westliche Journalisten die Ukraine und ihre inneren Zerreißproben erklärten. Erst heute wird das Bild einer einigen und nach Westen orientierten Ukraine gezeichnet, die lediglich von Moskau und seinen ferngesteuerten Marionetten destabilisiert wird. Tatsächlich haben wir es jedoch mit einem Land zu tun, das auf der Suche ist nach seiner Identität – bei der Vorgeschichte schwer genug. Und Juschtschenko tat nichts, um die Situation zu entspannen. Im Gegenteil: Seine intensiven Bemühungen, die russische Sprache zurückzudrängen und das Bildungswesen zu «ukrainisieren», heizten die Stimmung weiter auf.

Unter Juschtschenko herrschte dementsprechend weitgehend Eiszeit in den Beziehungen der Ukraine zu Russland. Während des Georgienkrieges drohte der ukrainische Präsident, die russische Flottenbasis in Sewastopol auf der Krim und damit die russische Schwarzmeerflotte blockieren zu lassen und kündigte an, den 2017 auslaufenden Pachtvertrag für Sewastopol nicht verlängern zu wollen. Zudem intensivierte er seine Bemühungen um einen NATO-Beitritt, die im April 2008 nur an der Intervention der Europäer, allen voran Angela Merkels, scheiterten. Für Moskau waren damit zu allem Überfluss auch noch vitale geostrategische Interessen berührt. Überhaupt hatte man sich dort mit der ukrainischen Unabhängigkeit von Anfang an schwer getan. Nun war es aber nicht mehr nur die Selbständigkeit, sondern auch die Abkehr des «Bruderstaates», die in Russland bis in die Gesellschaft hinein schmerzte.

Was hätte es für Russland konkret bedeutet, wenn Juschtschenkos Außenpolitik Erfolg gehabt hätte? Dann wäre nicht nur die Basis der russischen Schwarzmeerflotte zu einer Enklave auf NATO-Gebiet geworden, sondern Russland hätte auch einen wichtigen Markt an den Westen verloren. Unser Fokus liegt immer nur auf den Ländern, die in die EU oder die NATO streben. Was das für diejenigen bedeutet, die außen vor bleiben und nicht zum Club gehören, diese Frage stellen wir uns nicht. Für Russland funktioniert die Öffnung der Ukraine gegenüber dem Westen nur, wenn sich das Land nicht gleichzeitig vom Osten abwendet. Russland hat die Westorientierung der Ukraine erst angegriffen, als sie begann, jegliche Ostorientierung auszuschließen. Wenn beides möglich war – wie unter Präsident Kutschma –, hat Moskau sie hingenommen.

Wer Gas und Öl besitzt, kann das als politisches Druckmittel gegen diejenigen einsetzen, die nicht über solche Bodenschätze verfügen. Und genau das tat Moskau, als Juschtschenko die Ukraine vor die Zerreißprobe einer Entscheidung zwischen Russland und dem Westen stellte. Im Frühjahr 2005 kündigte Russland an, für die Erdgaslieferungen in die Ukraine in Zukunft Weltmarktpreise verlangen zu wollen. Dies führte zu langwierigen Verhandlungen und immer wieder zu Lieferstopps, ohne dass der Konflikt nachhaltig gelöst werden konnte. Der Streit eskalierte dann erneut 2008/09, als zeitweilig kein Gas mehr durch die Ukraine nach Europa kam – was auch in Deutschland noch in Erinnerung sein dürfte.

«Die Russen drehen den Gashahn zu» – solche Aussagen treffen trotzdem nicht den Kern der komplizierten Geschichte dieses Gasstreits zwischen Russland und der Ukraine. Es ist allgemein bekannt, dass zu Zeiten der Sowjetunion Vieles hochsubventioniert war. Dazu gehörte die Energieversorgung – für Wasser und Strom entstanden den heimischen Verbrauchern kaum Kosten –, aber auch Rohstoffe und Produkte des täglichen Lebens. Als die Sowjetunion zerfiel und sich selbständige Staaten bildeten, wurde dies zum Problem. Ich habe mir dazu am 12. August 1992 notiert: *Völlig verrückt: Estland kauft in Russland Metalle zu liberalisierten, aber alles andere als Weltmarktpreisen und verkauft die auf dem Weltmarkt gegen Devisen; steht damit, obwohl Estland selbst gar nichts hat, bereits an sechster Stelle der weltweit auftretenden Anbieter. Die Ukraine macht es ähnlich mit Öl. Sie bezieht es zu günstig ausgehandelten so genannten liberalisierten Preisen und geht damit auf den Weltmarkt, natürlich zu Weltmarktpreisen. Russland ist nicht in der Lage das zu stoppen und das Geschäft selbst zu machen, weil die Grenzen offen sind. Wer soll das wie kontrollieren?*

Daher begann Russland von der Ukraine höhere Preise zu fordern. Ab 1992 musste in Dollar bezahlt werden, und die Preise wurden schrittweise angehoben. Unter marktwirtschaftlichen Gesichtspunkten ein folgerichtiges Verhalten, das auch umgekehrt angewandt wurde. Das hat uns im Westen nur nicht so brennend interessiert. Auch Russland konnte Maschinen und Stahl aus der Ukraine nicht mehr zum Sonderpreis kaufen. Anfang dieses Jahrhunderts hatte sich die ukrainische Stahlindustrie zu einem Wirtschaftsmotor entwickelt. Man belieferte auch Westeuropa und machte damit den Russen Konkurrenz. Warum sollte Russland mit billigem Gas die energieintensive Konkurrenzindustrie eines Nachbarstaates subventionieren? Das Weltmarktniveau blieb der Ukraine bis 2005 dennoch erspart. Schätzungen gehen von 4 Milliarden Euro aus, die Russland sich die Vorzugspreise für die Ukraine jährlich kosten ließ.

Die Ukraine hat die angehobenen Energiepreise, wohl auch aus schierer wirtschaftlicher Not, von Anfang an nicht akzeptiert. Das Druckmittel der Ukrainer bestand damals und besteht auch heute in den Gasleitungen, die von Russland nach Westen über ihr Territorium führen. Doch trotz der Transitgebühren, die von Russland entrichtet werden mussten, konnte die Ukraine ihren Zahlungsverpflichtungen nicht nachkommen, und die Schulden wurden immer höher. Zudem gab es wiederholt den Vorwurf, die Ukraine habe Gas für den eigenen Bedarf aus den Leitungen abgezweigt. Warum sollte Moskau diese Zustände ausgerechnet in dem Moment noch akzeptieren, als die Ukraine sich offensiv nach Westen orientierte und im Umfeld des Georgienkrieges auch noch die russischen Sicherheitsinteressen gefährdete?

Im November 2008 jedenfalls forderte der damalige russische Präsident Dmitri Medwedew, die Ukraine solle zügig die aufgelaufenen Schulden in Höhe von knapp 2,5 Milliarden US-Dollar begleichen, wovon die Ukraine allerdings lediglich 1,3 Milliarden US-Dollar tatsächlich als rückständige Zahlungen anerkennen wollte. Am 1. Januar 2009 stellte Gazprom die Lieferung an die Ukraine ein. Davon waren letztlich auch Länder wie die Türkei, Bulgarien und Griechenland betroffen, deren Versorgung über ukrainisches Territorium läuft. Am 7. Januar 2009 traf es dann westeuropäische Kunden. Gazprom stoppte die Einspeisung von Gas. Man wolle verhindern, so hieß es, dass sich die Ukraine an Gaslieferungen bediene, die nicht für sie bestimmt seien. Parallel tobte ein Preiskrieg mit der Ukraine um die künftig geltenden Konditionen. Wegen der Auswirkungen auf Westeuropa kam es am 8. Januar zu Gesprächen in Brüssel, bei denen der Gazprom-Chef Alexej Miller folgenden Vorschlag machte: Wir liefern wieder, allerdings nur, wenn die Gasleitungen in der Ukraine international überwacht werden. Die Idee, Beobachter zu postieren, hat ja etwas Konstruktives, denn wenn man kontrollieren kann, wie viel russisches Gas ins ukrainische Netz eingespeist wird und wie viel davon an den Grenzstationen Richtung Westen ankommt, dann weiß man, wer falsch spielt.

Nachdem die Ukraine schließlich zugestimmt hatte, wurde ein entsprechendes Protokoll verfasst und in Moskau unterzeichnet. Die EU-Vertreter reisten weiter nach Kiew, um auch dort die Unterschriften einzuholen. Politik und Medien gingen davon aus, dass die Russen nun «den Gashahn wieder aufdrehen». In Kiew wurde dem Vertragsdokument jedoch ein umfangreiches Zusatzprotokoll beigeheftet, in dem unter anderem festgehalten wurde, dass die Ukraine kein Gas für den Eigenbedarf abgezweigt und keinerlei Schulden bei Gazprom habe. Bevor eine Kopie des ukrainischen Zusatzes Gazprom in Moskau erreichte, vergingen wertvolle Stunden, was in

unserem Kommunikationszeitalter nicht nachvollzieh-
bar ist, schon gar in einem solchen Fall. Kurz vor der
Primetime – ein Schalk, wer Böses dabei denkt – lag die
Reaktion aus Russland vor und die Hauptnachrichten-
sendungen meldeten: Die Russen halten sich nun doch
nicht an die ausgehandelte Vereinbarung. Der Grund für
das russische Verhalten, dieses einseitige Zusatzprotokoll
der Ukraine, wurde, wenn überhaupt, allenfalls in einem
Nebensatz erwähnt. Glaubt wirklich jemand ernsthaft,
die Russen hätten Interesse daran, kein Gas zu liefern? Jeder Tag, an dem kein Gas fließt, bedeutet Verlust. Das tut
einem Land mit vielfältigen Umstrukturierungsaufgaben
immer weh und 2008/09 wegen der Finanzkrise und insgesamt purzelnder Energiepreise ganz besonders.

Der damaligen Ministerpräsidentin Julia Timoschenko gelang es schließlich, die Krise in direkten Verhandlungen beizulegen und die Lieferungen wieder in Gang zu
bringen. Sie hatte dafür allerdings einen relativ hohen
Basispreis akzeptieren müssen, was einer der Gründe gewesen ist, warum sie später vor Gericht gestellt und verurteilt wurde. Mit seiner einstigen politischen Partnerin
hatte Präsident Juschtschenko sich zu diesem Zeitpunkt
schon längst zerstritten, und von seinen im Wahlkampf
versprochenen Zielen wie Korruptionsbekämpfung und
Verbesserung der Wirtschaftslage war er weit entfernt.
Die Unzufriedenheit insgesamt stieg. Die Ukraine war
selbständig und musste zusehen, wie es «Moskau» besser
ging als ihr.

Nach all den Enttäuschungen, auch in der Westukraine, über die heillos zerstrittene politische Führung, in die
man nach der «Orangenen Revolution» so viel Hoffnung

gesetzt hatte, gelang Janukowitsch bei der Wahl 2010 ein politisches Comeback. Bereits in seiner Antrittsrede bezog er sich explizit auf die Außenpolitik Kutschmas, definierte die Ukraine als «Brücke zwischen Ost und West» und erteilte Juschtschenkos Streben nach einem NATO-Beitritt eine klare Absage.

Janukowitsch verfolgte ausdrücklich keine einseitige Politik der Anbindung an Russland, sondern versuchte zwischen Ost und West so gut es ging hin und her zu lavieren. So unternahm die Ukraine in seiner Amtszeit Schritte, um sich vom russischen Gas unabhängiger zu machen. Hierbei gerieten insbesondere die Schiefergasvorkommen im eigenen Land in den Blick, die mit Hilfe der neuen Fracking-Methode ausgebeutet werden konnten. Dazu erteilte die Ukraine schon 2010 sowohl Exxon Mobil als auch Shell entsprechende Lizenzen zur Erkundung. Im Mai 2012 standen die Gewinner der Ausschreibung fest: Shell bekam den Zuschlag für die Erschließung der Gasfelder bei Jusowsk im Donezker Gebiet und Chevron für das Vorkommen bei Olessk im Gebiet Lwiw. Am 25. Oktober 2012 begann Shell mit den ersten Suchbohrungen im Gebiet Charkiw.

Auch die 2008 begonnenen Gespräche über ein EU-Assoziierungs- und Freihandelsabkommen wurden fortgesetzt. Auf dem EU-Ukraine-Gipfel in Kiew im Dezember 2011 hätte es paraphiert werden können. Dazu ist es nicht gekommen. Und zwar nicht, weil Russland die Ukraine unter Druck gesetzt hätte, die Unterschrift zu verweigern, sondern weil die EU weitere Bedingungen gestellt hat. Brüssel bestand auf der Freilassung der damals inhaftierten Oppositionspolitikerin Julia Timoschenko.

Das ukrainische Parlament lehnte das jedoch mit großer Mehrheit ab. Nebenbei bemerkenswert: Ein Land, das man bei der Demokratisierung und im Aufbau von Gewaltenteilung unterstützen möchte, in die Lage zu bringen, über ein Gerichtsurteil parlamentarisch abzustimmen…

Janukowitsch verband diese Verhandlungen mit einer Annäherung an Russland. Kaum zwei Monate nach seinem Amtsantritt unterzeichnete er im April 2010 ein Abkommen mit Moskau, das die Verpachtung von Sewastopol bis 2042 verlängerte. Im Gegenzug fand sich Russland zu einer Absenkung des Gaspreises bereit. Und die Gespräche gingen anschließend weiter. Zusammen mit Weißrussland und Kasachstan bildete Russland seit Juli 2011 eine Zollunion. Im Oktober desselben Jahres verständigten sich zusätzlich zu diesen drei Ländern Armenien, Kirgistan, Moldawien, Tadschikistan und die Ukraine auf ein Freihandelsabkommen. Der Zollunion trat die Ukraine zwar nicht bei, verhandelte aber parallel zu den Gesprächen mit der EU weiter mit Russland. Im Mai 2013 erhielt sie schließlich einen Beobachterstatus in der Zollunion.

Im Westen werden diese auf eine Eurasische Union zielenden Bestrebungen Russlands ausgesprochen kritisch gesehen. Angeblich arbeitet Putin auf die Wiederherstellung der Sowjetunion hin. 2012 hatte ich Gelegenheit zu einem Gespräch mit dem außenpolitischen Sprecher des russischen Parlaments. Seine Kernaussagen habe ich in einem Gedächtnisprotokoll festgehalten: *Früher hatten wir in Russland den Eindruck, wir gehen gemeinsam den Weg in eine veränderte Welt, nach der Ost-West-Konfrontati-*

on – wir haben schließlich eine europäische Identität. Mittlerweile müssen wir feststellen, dass wir nicht nur nicht gehört werden, sondern alle paar Wochen Gegenstand einer Attacke unterschiedlicher europäischer Institutionen sind. In Moskau wächst das Gefühl, die wollen uns gar nicht. Dann eben nicht. Wir sind ein eigenständiges Machtzentrum. Nicht isoliert, schon verbunden. Und wir bemühen uns, für andere Länder im eurasischen Raum attraktiv zu sein. Ein Zentrum, das andere anzieht. Das hat nichts mit der Wiederbelebung der Sowjetunion zu tun. Die ehemaligen Sowjetrepubliken (z. B. Kasachstan) werden einen Teufel tun, ihre Souveränität aufzugeben, aber so etwas wie Ihr mit der EU *geschafft habt, das schwebt uns auch vor.*

Dass die Ukraine für diese Pläne einer Eurasischen EU aufgrund der schieren Größe ihres Marktes und ihrer Bevölkerung von besonderer Bedeutung ist, muss eigentlich jedem einleuchten. Janukowitsch ließ denn auch keinen Zweifel daran, dass er einen Beitritt seines Landes sowohl zur EU als auch zur Zollunion für erstrebenswert hielt. Dies war, wie Umfragen nahelegen, ebenfalls die Haltung einer Mehrheit der ukrainischen Bevölkerung. Wenn sie allerdings vor die Wahl gestellt wurden, dann sprachen sich etwa die Hälfte für die EU und etwa ein Drittel für die Zollunion aus. Schon diese Zahlen machen deutlich, dass eine Entscheidung zwischen beiden Perspektiven das Land vor eine schwere Zerreißprobe stellen musste.

Doch genau diese wurde dem Land von außen aufgezwungen. Zwischen der EU und der geplanten Eurasischen Union kam es zu einer Art Tauziehen um die möglichen Beitrittskandidaten. Und in dieses Gezerre geriet die Ukraine hinein. Der damalige EU-Kommissionspräsident Barroso erklärte bereits im April 2011, eine Mitglied-

schaft der Ukraine in der Zollunion sei mit dem EU-Assoziierungsabkommen nicht vereinbar. Später wiederholte
er diese Aussage. Diverse EU-Parlamentarier äußerten
sich in den entsprechenden Talkshows und Fernsehsen-
dungen in der gleichen Weise. Daraufhin erklärte auch
der damalige russische Präsident Medwedew eine Mitgliedschaft in beiden Organisationen zugleich für unmöglich. Es gelang nicht, die EU davon zu überzeugen,
mit Russland Gespräche aufzunehmen, wobei dieser Gedanke durchaus auch von Kiew geäußert wurde. Man
kann sich vorstellen, unter welchem Druck die für November 2013 geplante Unterzeichnung des EU-Assoziierungsabkommens das Land unter diesen Bedingungen setzte.

Die wirtschaftliche Situation der Ukraine hatte sich
allerdings mittlerweile dramatisch zugespitzt, und es
konnte aus ukrainischer Sicht in dieser Lage nur noch
darum gehen, sich mit *dem* Partner zu verbünden, von
dem die größte Hilfe zu erwarten war. Der Westen begriff
die Dimension der ökonomischen Herausforderung
nicht, die mit der einseitigen Entscheidung für die EU
zwangsläufig verbunden war. Russland hatte die Ukraine
seit Jahrzehnten über den Gaspreis subventioniert und
vielfältige Kredite vergeben. Diese Rolle aber war die EU
nicht bereit zu übernehmen. Es ging um Geld, und die EU
redete über Werte – und über Julia Timoschenko. Russland dagegen stellte 15 Milliarden US-Dollar in Aussicht,
von denen wegen der weiteren Ereignisse nur drei Milliarden tatsächlich geflossen sind. Darüber hinaus wurde
der Gaspreis um etwa ein Drittel reduziert. Janukowitsch
sagte daraufhin die Unterzeichnung des EU-Assoziierungsabkommens ab. Der Rest ist bekannt.

6. Kapitel

Der Kampf um die Ostukraine

«Russland stellt eine Bedrohung für die ganze Welt dar. Das zeigt der Abschuss der MH 17 ganz deutlich.» Das waren die Worte des amerikanischen Präsidenten Obama am 15. November 2014 bei seinem Vortrag an der University of Queensland anlässlich des G20-Gipfels in Brisbane, Australien. Unter den 298 Opfern befanden sich 27 australische Staatsbürger. Das Thema ging den Menschen dort also ganz besonders nah. Was aber weiß man wirklich über den Abschuss?

Am 17. Juli 2014 gegen 16.20 Uhr Ortszeit war Flug MH 17 der Malaysia Airlines auf dem Weg von Amsterdam nach Kuala Lumpur über der Ostukraine abgestürzt, und alles sprach dafür, dass er abgeschossen worden war. Aber wie und von wem – darüber ließen sich keine verlässlichen Aussagen treffen. Dennoch titelt die auflagenstärkste deutsche Tageszeitung am 21. Juli «Wann stoppt die Welt endlich Putin? Die Todes-Rakete kam aus Russland.» Am selben Tag melden die Nachrichten im ZDF-Morgenmagazin um 8.30 Uhr, der russische Präsident Putin habe seinem niederländischen Amtskollegen telefonisch Unterstützung zugesichert, niederländischen Spezialisten den Zugang zur Unglücksstelle zu ermöglichen, damit die genauen Umstände untersucht werden könnten. Es heißt: «Die Separatisten haben den OSZE-Mitarbeitern freien Zugang gewährt.» In den 9 Uhr

Nachrichten der ARD kein Wort davon. Die Zahl der geborgenen Leichen wird genannt, und es wird erwähnt, dass eine UN-Resolution in Vorbereitung ist, die auf unabhängige Untersuchungen zielt. Der letzte Satz dazu: «Fraglich, ob Russland die (Resolution) mitträgt.» Ich grübele bis jetzt, was ein solcher Satz in Nachrichten zu suchen hat.

Am 28. Juli titelt der Spiegel «Stoppt Putin jetzt», dazwischen Passfotos von Menschen, die im Flugzeug saßen, jetzt also tot sind. Die Aussage ist eindeutig: Das alles geschieht auf Putins Befehl.

Am 31. Juli meldet die Tagesschau in ihrer Hauptausgabe um 20 Uhr: «Erstmals konnten Experten zum Wrack vordringen.» Das ist definitiv falsch. Das war schon einen Tag nach der Katastrophe, wenn auch eingeschränkt, möglich. Mit viel gutem Willen könnte man diese Aussage dann als richtig bezeichnen, wenn sie sich darauf bezogen hätte, dass die Expertengruppe vom 18. und die vom 31. Juli personell nicht identisch waren. Aber das wird wohl kaum eine Rolle gespielt haben. Nach den ersten Besuchen unmittelbar nach dem Absturz verhinderten heftige Kämpfe den sicheren Zugang, bevor die Experten am 31. Juli *wieder* und nicht *erstmals* dorthin gelangen konnten. Der Korrespondent an Ort und Stelle ist dann etwas präziser. «Erstmals seit Tagen...», sagt er. Insgesamt aber setzt sich der Eindruck fest, dass erst der massive Militäreinsatz der ukrainischen Soldaten gegen die Separatisten der unabhängigen Untersuchungskommission ermöglicht hätte, endlich ihre Arbeit aufzunehmen.

Chronologisch erzählt sieht die Sache folgendermaßen aus: Als unabhängige Beobachter und Experten der

OSZE sich ab dem 20. Juli schließlich relativ frei auf der Absturzstelle bewegen können, äußert sich ein Sprecher der Gruppe vor Fernsehkameras etwa so: «Wir konnten uns ungehindert bewegen. Die Leichen sind gut gelagert.» Da zwischenzeitlich die so genannte Antiterror-Operation gegen die Separatisten in der Ostukraine in vollem Gange ist, lässt Kiew verlauten, im Umkreis von vierzig Kilometern um die Unglücksstelle herum würden solange keine Kampfhandlungen stattfinden, wie die Bergung der Leichen und die Inspektion der Trümmerteile andauert. Die Separatisten ihrerseits sagen einen sicheren Korridor zur Absturzstelle zu.

Dann ändert sich die Lage. Das ukrainische Militär greift trotz der gemachten Zusagen an. Die Separatisten sind von dieser neuen Entwicklung sichtlich überrascht. In den Nachrichten heißt es durchgehend: Schwere Kampfhandlungen verhindern die Untersuchung durch unabhängige Experten. Ein Hinweis auf die Chronologie und den Urheber der neuen Situation fehlt. Ich wage die Behauptung: Hätten sich die Separatisten nicht an Zusagen gehalten, dann wäre uns das als Nachrichtenkonsumenten sicher nicht vorenthalten worden, weil es ins Schema passt. Der Eindruck jedenfalls ist klar, vorbereitet durch das bisher gemalte Bild: Die Separatisten sind schuld. Niemand stellt die Frage, warum sich die ukrainischen Regierungstruppen nicht an die Zusage gehalten haben. Ist die Sorge so groß, dass am Unglücksort Dinge gefunden werden könnten, die der gängigen Lesart den Boden entziehen? Das muss nicht so sein, aber es ist fahrlässig, «so etwas» als unabhängiger Beobachter – und damit meine ich jetzt Journalisten – nicht in Betracht zu ziehen. Die Frage bleibt: Warum hat Kiew plötzlich Kampfhandlungen begonnen? Das kann viele verschiedene Gründe haben: militär-taktische, psychologische oder schlicht in fehlerhafter Kommunikation liegende. Die Chance ist auch nicht besonders groß, die wahren Gründe herauszufinden, aber man muss doch wenigstens die Frage stellen.

Im Oktober liegt ein vorläufiger Bericht der unabhängigen Untersuchungskommission vor, der nur klarmacht, dass nichts klar ist. Diese Information erhält dann auch der Spiegel-Leser in der Ausgabe vom 27. Oktober. Ohne Titelbildunterstützung findet sich auf Seite 17 ein Interview mit dem niederländischen Leiter der internationalen Ermittlungen. Nach der Lektüre bleibt als Fazit nur: Eindeutige Aussagen über die Urheberschaft sind nicht möglich. Wie unbefriedigend das auch sein mag, es zeigt zweierlei: Zum einen, wie unseriös die frühzeitige reflexhafte Festlegung auf den Schuldigen war, und zum anderen, wie viele Fragen immer noch offen sind. Einschließlich der Frage, warum das so ist.

Wie lässt sich erklären, dass durch moderne Satellitenüberwachung so kleine Dinge wie Autokennzeichen zu erkennen sind, aber der Abschuss von Raketen nicht erfasst worden sein soll? Wo sind die von den USA und Kiew frühzeitig ins Spiel gebrachten zweifelsfreien Beweise für die Schuld der Separatisten und Russlands? Der amerikanische Außenminister John Kerry sagte dem Sender NBC bereits am 20. Juli: «Wir haben Bilder vom Raketenabschuss, wir wissen über die Flugbahn Bescheid.» Dass er diese Aussage in seinen zahlreichen Presseauftritten mit der Forderung an die EU verbindet, endlich härtere Sank-

tionen gegen Russland zu verhängen, sollte in dem Zusammenhang nicht unerwähnt bleiben. Diverse deutsche
Politiker stoßen zum gleichen Zeitpunkt in dasselbe
Horn, wobei der für Außenpolitik zuständige CDU-Abge-
ordnete Karl-Georg Wellmann im Interview sogar behauptet, Putin sei «direkt verantwortlich». Wo also sind
Monate später die Beweise für all diese vollmundigen
Aussagen? Was ist mit der technischen Bewertung aufge-
fundener Wrackteile? Die bisher festgestellten Einschuss-
löcher werfen aufgrund ihrer Verteilung mehr Fragen auf
als sie beantworten. Warum ist das kein Thema in unseren Massenmedien?

Es wird Zeit, den Begriff «prorussische Separatisten»
unter die Lupe zu nehmen. In Russland verwendet man
offiziell den Begriff «opoltschenez», wofür es keine direk-
te deutsche Entsprechung gibt. Der Oberbegriff «opolt-
schenije» lässt sich mit Landwehr oder Volksaufgebot
übersetzen. Einige russische Medien sprechen ebenfalls
von Separatisten. Doch wie treffsicher ist dieser Begriff?
Wie genau wissen wir über die anfänglichen Forderungen
der Aufständischen Bescheid? Was wollen «die» Separatisten jetzt? Es fällt nicht leicht eine einheitliche Linie
auszumachen.

Fakt ist, dass die gewaltsamen Vorgänge auf dem Maidan, die Absetzung von Präsident Janukowitsch und die
martialisch auftretende Kiewer Übergangsregierung im
Osten und Süden des Landes zu Demonstrationen geführt haben. Die Interessenvertreter dieser Gebiete aus
der Partei der Regionen hatten in Kiew einen schweren
Stand, da sie als Anhänger der alten Regierung galten. Die
Sorge, von den neuen westlich orientierten Machthabern

vernachlässigt zu werden, war daher nicht unbegründet. In einigen Städten eskalierte die Lage, und die Protestierenden bemächtigten sich der Verwaltungseinrichtungen. In der Folge wurden die Volksrepubliken Donezk und Lugansk ausgerufen. Kiew verlor immer mehr die Kontrolle und startete ab Mitte April 2014 eine so genannte Antiterror-Operation, um diese Gebiete zurückzugewinnen. Das gelang jedoch nicht so problemlos wie erwartet, unter anderem deshalb, weil sich die ukrainischen Einheiten zunächst als wenig kampfstark erwiesen oder zur Gegenseite überliefen. Inzwischen hat sich der Konflikt zu einem innerukrainischen Bürgerkrieg ausgeweitet, in dem sich die «Volksrepubliken», nicht zuletzt dank russischer Unterstützung, zumindest bis zur Drucklegung dieses Buches haben behaupten können. Auch die Anfang September 2014 in Minsk vereinbarte Waffenruhe konnte die Kämpfe nicht nachhaltig beenden.

Während unmittelbar nach dem Umsturz in Kiew eine verlässliche Aussicht auf mehr Autonomie – was sich schwerlich als Separatismus bezeichnen lässt – die Chancen zu einer friedlichen Lösung erhöht hätte, radikalisierten sich die politischen Zielvorstellungen im Laufe der Zeit. Wobei gleichlautende Begriffe durchaus Unterschiedliches meinen: «Volksrepublik Donezk» ist für die einen ein selbständiger Staat, für die anderen eine autonome Provinz innerhalb der Ukraine. Einigkeit besteht und bestand nur in der Ablehnung der neuen Regierung in Kiew. Es wird Historikern vorbehalten bleiben, nach Abschluss der kriegerischen Auseinandersetzungen verlässliche Aussagen über die Entwicklung der Gewaltspirale machen zu können. Wie in jedem Streit um Gebiete, die

geopolitisch von Interesse sind, mischen von außen her-
beigeeilte «Helfer» mit. Dass die in diesem Fall aus Russland kommen, kann eigentlich niemand ernsthaft erstau-
nen, schon gar nicht vor dem Hintergrund, dass sich je
nach Quellenlage zwischen 100 und 180 US-amerikanische Militärberater in der Ukraine aufhalten sollen. Es
lässt sich trefflich darüber spekulieren, ob der Bürgerkrieg in der Ostukraine ohne russische Hilfe schnell zu
Ende gegangen wäre. Man kann auch die russische Unterstützung der Aufständischen kritisieren, durch die ein
Konflikt weiter angeheizt wurde, der für die betroffene
Region inzwischen eine humanitäre Katastrophe dar-
stellt. Es geht jedoch völlig an der Realität vorbei, wenn
man behauptet, der Aufstand in der Ostukraine sei ausschließlich das Werk russischer Agenten, die eine ansonsten einige Ukraine von außen destabilisiert hätten.

Nach Beginn der «Antiterror-Operation» fällt es nicht
wenigen in den betroffenen Gebieten im Osten des Landes schwer, sich einen Verbleib in der Ukraine vorzustellen, und diejenigen mit familiären Beziehungen zu Russland setzen ohnehin alle Hoffnung auf den Schutz durch
den «Bruderstaat». Es ist eine unübersichtliche Gemengelage entstanden: eine zutiefst verunsicherte und ver-
ängstigte Bevölkerung, dialogbereite Interessenvertreter,
durchgeknallte Heißsporne und interessierte Russen, in
der ganzen Bandbreite von ehrlichem Idealismus bis zu
politischem Auftrag.

Die Zwangslage, bei Nachrichten mit verkürzenden
Begriffen arbeiten zu müssen, bringt hin und wieder Be-
zeichnungen hervor, die zu falschen Schlussfolgerungen
führen können. Der Begriff «Separatist» ist eine solche.

Er soll für alles taugen, was sich der Zentrale in Kiew widersetzt. Dabei handelt es sich mindestens um drei verschiedene Gruppen: die einen, die mit mehr Autonomie zufrieden wären, die nächsten, die von einem eigenen Staat träumen, und die dritten, die ihr Heil im Anschluss an Russland suchen. Alle diese Gruppen werden bei uns unter «Separatisten» abgehandelt. Dies kann gelegentlich zu absurden Konstellationen führen. Auf der Webseite der Deutschen Welle konnte man im Rahmen der Verhandlungen in Minsk Anfang September lesen: «Einen unabhängigen Staat Neurussland verlangen die Separatisten in der Ostukraine anscheinend nicht mehr.» Schöne Separatisten, die sich gar nicht separieren wollen. Man hätte sie ja auch Föderalisten nennen können, aber das klingt zu positiv und würde vor allem Kiew unter Zugzwang setzen. Ähnlich irreführend ist der Zusatz «prorussisch», denn die Gemengelage vor Ort ist so unübersichtlich, dass die Vorstellung einer unmittelbaren Abhängigkeit der «Volksrepubliken» von Moskau unrealistisch ist. Immer wieder haben sich «die» Separatisten nicht um Aufrufe aus Moskau geschert – ganz gleich, ob es sich um die Verschiebung eines Referendums oder um die Einhaltung einer Feuerpause handelte.

Auch die schematische Einteilung Westukraine gleich prowestlich, Ostukraine gleich prorussisch, ist zwar nicht ganz falsch, hilft aber nur begrenzt weiter, wenn man die Situation in der Ostukraine verstehen will. Denn die Lage ist deutlich komplexer. Ein Blick auf die Karte: Die so genannten prorussischen Separatisten finden wir in Luhansk und Donezk. Dnipropetrowsk dagegen steht fest an der Seite Kiews und hat einen Gouverneur namens

Igor Kolomoiski. Er ist einer der reichsten ukrainischen Oligarchen und hatte seinen Wohnsitz in Genf, bevor ihn die Übergangsregierung in Kiew «nach Hause» holte und zum Gouverneur ernannte. Große Teile der dortigen Bevölkerung machen Druck auf die örtlichen Behörden, jedweder Einmischung von Seiten Russlands die Stirn zu bieten. In Charkiw verhält es sich ähnlich. Dieser Druck hat dafür gesorgt, dass man den medial viel beachteten ersten russischen Hilfskonvoi von August 2014 nicht passieren ließ. Er hätte von dort aus die Kriegsgebiete um Donezk und Luhansk erreichen sollen, ohne die russisch-ukrainische Grenze an der Stelle zu passieren, wo die Rebellen das Sagen haben. Denn das war zeitweise eine Bedingung der Kiewer Regierung. Wenn die russischen Hilfslieferungen überhaupt ins Land gelassen werden sollten, dann nur an von Kiew kontrollierten Grenzstationen. Die Russen hatten sich darauf eingelassen. Die ortsansässige Bevölkerung und die örtlichen Behörden haben es mehrheitlich verhindert.

Die Welt war überrascht, als sich plötzlich in Moskau 270 Lastwagen formierten, wie es hieß, vollgepackt mit Hilfsgütern für die Ostukraine. Sollte ich besser sagen «angeblich vollgepackt»? Humanitäre Gesten passen nicht zu Russland und zu Putin schon gar nicht. Ist es das? Und dann diese Größenordnung! 270 LKWs! Zehn oder zwanzig hätten es doch auch getan. Für russische Dimensionen fehlt den meisten Westeuropäern das Sinnesorgan, mangels eigener Erfahrungen. In Russland haben Mengen, Maße und Entfernungen eine andere Bedeutung. Bei den LKWs handelte es sich erkennbar um Militärlastkraftwagen, die «hastig weiß angemalt»

(14.8.14, ARD Morgenmagazin, 6.40 Uhr) worden waren. Was wäre denn gewesen, wenn man sie «unangemalt» losgeschickt hätte? Und wer, wenn nicht das Militär, hat kurzfristig 270 LKWs zur freien Verfügung? Weltweit sind Katastrophenschutz und Militär die Ansprechpartner, wenn es gilt, schnell und wirkungsvoll zu helfen.

Nicht erst seit die Zentralregierung in Kiew sämtliche Verbindungen gekappt hat – Schulen, Krankenhäuser, Renten, Banken – ist die Zivilbevölkerung dringend auf Hilfe angewiesen, vor allem auf Nahrungsmittel und Medikamente. Die Sorge der ukrainischen Regierung, unter dem Deckmantel humanitärer Hilfe könnte militärisches Gerät ins Land gelangen, um ihre Gegner in der Ostukraine zu unterstützen, ist dennoch berechtigt. Das Thema wurde deutlich angesprochen, und der russische Außenminister Lawrow erklärte, man sei einverstanden, dass Vertreter des Roten Kreuzes, der OECD und der ukrainischen Regierung die LKWs inspizieren und begleiten können. Damit war das Problem gelöst, sollte man meinen. Aber jetzt kam noch der Grenzübergang ins Spiel und die Bedingung aus Kiew, nur einen nicht unter Kontrolle der «Separatisten» stehenden zu nutzen. Auch darauf ist Moskau eingegangen. Und dann stellte sich der dortige Gouverneur quer. Menschen leiden und sterben, weil neu an die Macht Gekommene rücksichtslos alte Rechnungen begleichen und uns im Westen nichts anderes einfällt, als in der entsprechenden Berichterstattung von der «grandios und großzügig wirkenden russischen Hilfe» zu sprechen, damit ja niemand vergisst, die üblichen Zweifel mitzudenken und in jedem Falle misstrauisch zu bleiben.

Am 17. August berichtet das ZDF im heute Journal

vom Außenministertreffen in Berlin, wo auf Einladung Frank-Walter Steinmeiers seine Kollegen aus Frankreich, Russland und der Ukraine zusammenkommen, um eine politische Lösung zu suchen. Dazu gibt es auch einen Lagebericht aus der Ostukraine, der mit Bildern von patrouillierenden Aufständischen beginnt: «Dreist patrouillieren sie in den Vororten von Luhansk und strotzen vor Siegesgewissheit. Raketen, Kampfpanzer, Gefechtsfahrzeuge. Die prorussischen Separatisten sind gut ausgerüstet. Erst am Morgen gelang ihnen der Abschuss eines weiteren ukrainischen Kampfflugzeuges. Nicht genug, die Separatisten hoffen auf weitere Waffen» – an dieser Stelle kommt der weiße LKW Konvoi ins Bild – «versteckt in diesen LKW getarnt als Hilfsgüter.» Ich habe mir diese Stelle mehrfach in der Mediathek angesehen und angehört, weil ich es nicht glauben konnte. Ich habe auch alle möglichen Varianten durchgespielt, was denn gemeint gewesen sein könnte oder wie man es erklären kann. Sicher, der Satz lautet: «Die Separatisten hoffen auf weitere Waffen, versteckt in diesen LKW getarnt als Hilfsgüter.» Das ist wohl so. Aber diese Aussage mit Bildern des Hilfskonvois zu unterlegen, lassen aus der geäußerten Hoffnung eine Tatsache werden. Die Macht der Bilder siegt, nicht die des Wortes. Es folgt ein LKW-Fahrer aus dem Hilfskonvoi, der sagt, er habe acht Tonnen Buchweizen geladen und dass jeder LKW eine andere Ladung habe, aber keine Waffen. Dann erfährt man noch, dass 16 LKWs endlich die Grenze passieren dürfen, und es kommen wieder Kriegshandlungen und Kriegsgerät ins Bild. «Russische Militärkonvois, die immer wieder versuchen auf ukrainisches Territorium vorzustoßen, Kiew klagt an,

Moskau verwahrt sich dagegen. So geht das seit Wochen. (...) Was immer sich unter den Planen auch verbergen mag, ein Waffenstillstand und humanitäre Hilfe sind dringend notwendig.»

Als einige Zeit später von einem zweiten Hilfskonvoi die Rede ist, der mit der ukrainischen Regierung besser abgesprochen sein soll, so die Meldung aus Moskau, heißt es in den Nachrichtensendungen etwa so: «Ungeachtet der weltweiten Empörung über den ersten russischen Hilfskonvoi...» etc. Wenn man auf die Bevölkerung schaut, lässt sich die weltweite Empörung nicht feststellen. Sie bezieht sich auf Verlautbarungen westlicher Regierungen und Meldungen von Presseagenturen, die immer kompromissloser die Deutungshoheit für sich beanspruchen und vorgeben, wie man etwas zu bewerten hat.

Dieser erste LKW-Konvoi, der tagelang die Medien beschäftigte, wurde im Laufe der Berichterstattung auf wundersame Weise immer größer – und damit bedrohlicher. Erst war von 270 Fahrzeugen die Rede, dann von 282, und schließlich setzte sich die Formulierung «knapp 300» durch. Statt sich von journalistischer Seite aus um Klarheit zu bemühen – Wer sagt was? Wie stellt sich das Rote Kreuz dazu? Gibt es eine Stellungnahme der OECD? Wer ist da überhaupt zuständig? –, beginnen die Tagesthemen am 13. August 2014 mit einer süffisanten Moderation über die «Truck-Show» in der Ostukraine. Wenn Putin wirklich hätte helfen wollen, so heißt es da, dann hätte er das schon längst «ohne so viel Brimborium» tun können, und er hätte die Hilfsgüter auch schon längst über die Grenze bringen können, nämlich an den Stellen, an denen die Separatisten das Sagen haben. Wie bitte?

Ein russischer Hilfskonvoi, dessen Ladung von ukrainischer und westlicher Seite misstrauisch beäugt wird, soll ohne Absprache mit der ukrainischen Regierung die Grenze überqueren, um zu beweisen, dass es wirklich um Hilfe geht? Der Logik ist schwer zu folgen.

Belegbare Fakten über die Ladung gibt es noch nicht, aber die Meinung steht schon fest. «Während sich die Menschen fragen, wie vergiftet Putins Wohltaten wohl sind», wird die Lage in den umkämpften Gebieten immer dramatischer. Es folgt ein Bericht über Leid und Zerstörung. Einer der wenigen Kollegen, die noch immer im umkämpften Donezk ausharren, wird befragt. Professionell und unaufgeregt schildert er den Alltag. Und auch im Kommentar, der diesen Themenkomplex für den Tag abrunden soll, blitzt an einer Stelle das Bemühen auf, die ukrainische Seite nicht von allen Vorwürfen reinzuwaschen. Der «rücksichtslose Raketenkrieg des ukrainischen Militärs in der Ostukraine» wird genannt. «Die unverhohlenen Expansionspläne der NATO gießen weiter Öl ins Feuer eines europäischen Brandherdes», sagt der Kollege, um dann sofort wieder zurückzurudern: «Und doch sollten wir uns nicht täuschen lassen, wer der eigentliche Brandstifter ist, der sich jetzt mit seinem Hilfskonvoi als Löschtrupp verkleidet. Es sind Putins Schergen, die den Krieg in der Ostukraine angefacht haben. Es sind von Russland aus unterstützte Milizen, die Unschuldige foltern und morden, es ist Moskaus Strategie der Destabilisierung, die Tausende das Leben kostet und Hunderttausende in die Flucht treibt. Deshalb ist der blütenweiße Hilfskonvoi ein so perfides, vielleicht sogar gefährliches Spiel der Propagandastrategen aus dem Kreml.»

Ohne den geringsten Beweis wird nicht nur dieser Hilfskonvoi verunglimpft, es wird zum wiederholten Male das Augenmerk nur auf die Gräueltaten einer Seite gerichtet. Verbrechen gegen die Menschlichkeit begehen beide Seiten, und beide Seiten sind auch dafür verantwortlich, dass Menschen es in ihrer Heimat nicht mehr aushalten und fliehen. Wie gut der Automatismus wirkt, der die einseitige Wahrnehmung befördert, zeigt sich bei der Nachricht über den Einsatz von Streubomben in der Ostukraine. Am 21. Oktober 2014 legte die Menschenrechtsorganisation Human Rights Watch einen Bericht vor, nach dem ukrainisches Militär in besiedelten Gebieten Streubomben im Kampf gegen Separatisten eingesetzt haben soll. Mindestens zwölf Fälle seien belegt. Sechs Menschen seien dabei zu Tode gekommen, darunter auch Zivilisten. Streubomben sind wegen ihrer besonders heimtückischen Wirkung international geächtet, wobei die Ukraine, Russland und die USA ihren Beitritt zu diesem Abkommen verweigern. Wo bleibt der Aufschrei? Die Sondersendung über die Hintergründe? In der 20 Uhr Tagesschau vom 21. Oktober hört sich das so an: «Die Menschenrechtsorganisation Human Rights Watch erhebt schwere Vorwürfe in Zusammenhang mit den anhaltenden Kämpfen in der Ostukraine. Anfang Oktober sollen dort Streubomben eingesetzt worden sein. Die Menschenrechtler haben Kampfgebiete bei Donezk untersucht, wo sich Separatisten und Armee ungeachtet der Feuerpause immer wieder Gefechte liefern, besonders um den Flughafen. Dabei, so Human Rights Watch, sei man auf Hinweise gestoßen, dass die international geächtete Munition in einigen Fällen von den Regierungstruppen kam.» Der Kern des Berichts von Human Rights Watch – ukrainisches Militär setzt Streubomben ein – wird eher beiläufig erwähnt. «In einigen Fällen auch von den Regierungstruppen», heißt im Umkehrschluss: Der größte Teil stammt von den «Separatisten». Allgemeine Formulierungen ersetzen Hinweise auf Akteure («wo sich Separatisten und Armee ungeachtet der Feuerpause immer wieder Gefechte liefern»), und beim Begriff «Armee» wird «ukrainisch» gleich ganz unterschlagen.

Der folgende Reporterbericht vermittelt durch seine Wortwahl den Eindruck, als fasse man die Informationen nur widerwillig und mit spitzen Fingern an: «Die Menschenrechtsorganisation meint mit hoher Wahrscheinlichkeit behaupten zu können, die Streubomben seien von der ukrainischen Armee abgefeuert worden bei den Kämpfen mit prorussischen Separatisten. Und zwar von Gebieten aus, die unter Kontrolle ukrainischer Einheiten gestanden hätten.» Das internationale Abkommen, das den Einsatz von Streubomben ächtet, wird erwähnt, allerdings nur mit der Ukraine und Russland als Unterzeichnungsverweigerer. Die USA tauchen in dieser Liste nicht auf. Der Beitrag bringt noch ein Dementi aus Kiew, in dem die Vorwürfe zurückgewiesen werden: Man habe diese Waffen bei den «Antiterror-Operationen» nicht eingesetzt. Der Vollständigkeit halber möchte ich nicht unerwähnt lassen, dass die entsprechende Berichterstattung in der ZDF heute Sendung präzise und umfassend war.

·Fakt ist: In der Ostukraine herrscht Krieg. Daran ändert auch die euphemistische Bezeichnung «Antiterror-Operation» nichts. Was dieser Begriff auslösen soll, ist klar: Das Recht zur Terrorbekämpfung wird allgemein anerkannt, eine Kriegsführung gegen die eigene Bevölkerung eher weniger. Folglich liegt die Leitung der militärischen Operation beim Inlandsgeheimdienst SBU. Beteiligt sind darüber hinaus: die Nationalgarde (so heißen die bewaffneten Organe des Innenministeriums seit Februar 2014), Einheiten des Katastrophenschutzministeriums, Grenzschutz und – wie im August 2014 eine Studie der Stiftung Wissenschaft und Politik von Margarete Klein und Kristian Pester gezeigt hat – paramilitärische Verbände. «Erstens hat man es mit Kräften aus der ‹Maidan›-Bewegung zu tun, die dem ‹Rechten Sektor›, der ‹Radikalen Partei› oder den ‹Auto-Maidan›-Aktivisten zuzuordnen sind. Zweitens gründeten Einzelpersonen quasi private Armeen. Dazu zählt das ‹Bataillon Donbass›, das einem Anführer mit Kriegsnamen ‹Semen Semenchenko› untersteht. Bei ihm handelt es sich angeblich um einen ehemaligen ukrainischen Soldaten aus der Region Donezk. Er rekrutiert Mitkämpfer unter anderem über Facebook und finanziert seine Einheit größtenteils über ‹Crowdfunding›. Die dritte Gruppe der Milizen wird von Regionalpolitikern und Oligarchen finanziert. So stellte Igor Kolomojskij, Gouverneur von Dnipropetrowsk und milliardenschwerer Geschäftsmann, die Bataillone ‹Dnipro-1› und ‹Dnipro-2› auf.»

Ähnlich wie bei den so genannten Separatisten handelt es sich also auch auf der Gegenseite nicht um eine homogene Gruppe, das heißt in der Konsequenz: Weder Kiew noch Moskau sind im Besitz des Gewaltmonopols für die jeweilige Seite, was die Verabredung und Einhaltung von Feuerpausen und Waffenstillständen so schwierig macht und zudem die Gefahr von Menschenrechtsverletzungen extrem erhöht, da solche Gruppen in der Regel kaum kontrollierbar sind. Bei den «Separatisten» sollte nicht unerwähnt bleiben, dass sie anfangs lediglich über Handfeuerwaffen verfügten und erst im Laufe der Eskalation in den Besitz schwerer Waffensysteme gelangten. Zum einen durch Plünderung ukrainischer Depots, zum anderen durch russische Unterstützung.

Zu Beginn liefen sowohl im Osten als auch im Süden des Landes Teile der dort ansässigen Sicherheitskräfte zu den Rebellen über, die sich erst im Zuge der weiteren Ereignisse radikalisierten. Es scheint völlig in Vergessenheit geraten zu sein, dass die politischen Forderungen derjenigen, die sich der provisorischen Regierung in Kiew nicht so ohne weiteres anschließen wollten, nicht auf eine Trennung von der Ukraine abzielten, sondern lediglich mit mehr Rechten innerhalb einer föderalen Struktur verbunden waren.

Rinat Achmetow, der wohl einflussreichste Oligarch im Osten des Landes, hat am 14. Mai, als bereits viele Tote und Verletzte zu beklagen waren, eine Rede gehalten, in der er von vier möglichen Szenarien sprach und eines davon als wünschenswert bezeichnete. Erstens: Es bleibt wie es ist, «Kiew hat die ganze Macht und die Regionen werden nach dem Restprinzip finanziert». Dieser Weg schien ihm nicht mehr sinnvoll zu sein. Auch dem zweiten Szenario, einer Volksrepublik Donezk erteilte er eine Absage, da «niemand in der Welt (...) sie anerkennen» werde. Die dritte Möglichkeit, sich Russland anzuschließen, sei weder für die einen noch für die anderen gut und genau wie Nummer zwei zum Scheitern verurteilt. Szenario Nummer vier lief auf eine Dezentralisierung der Macht hinaus, die er folgendermaßen skizzierte: «Diese findet statt, wenn die Macht sich von Kiew in die Regionen verschiebt. Sie findet statt, wenn die Regierung nicht ernannt, sondern gewählt wird. Und sie findet statt, wenn die lokale Regierung für die Gegenwart und die Zukunft der Menschen Verantwortung übernimmt.» Dieser Gedanke wurde sechs Tage später vom Kiewer Parlament aufgenommen, man stelle «eine sofortige Verfassungsreform sicher, die auf der Dezentralisierung der Macht basiert», hieß es. Ein entsprechender Entwurf lag vor, aber beschlossen wurde nichts dergleichen. Stattdessen intensivierte sich die «Antiterror-Operation», die die politischen Kräfte im Osten der Ukraine weiter zersplitterte. Das war die Situation, die Petro Poroschenko vorfand, als er im Juni sein Präsidentenamt antrat. Der so dringend nötige Dialog fand nicht statt.

Nichtsdestotrotz – es spricht einiges dafür, dass die prinzipielle Dialogbereitschaft von Präsident Poroschenko vor allem wegen der harten Linie von Ministerpräsident Jazenjuk nicht zum Tragen kommt. Dieser hatte bereits Anfang März 2014 beim EU-Sondergipfel in Brüssel erklärt: «Wir sprechen über Krieg», und im April Russland unterstellt, einen Dritten Weltkrieg beginnen zu wollen. Entgegen den Erwartungen haben die Parlamentswahlen in der Ukraine von Ende Oktober 2014 die Hardliner um Jazenjuk gestärkt, der in seinem Wahlkampf sowohl optisch als auch rhetorisch auf Kriegssymbolik gesetzt hat. Seine neu gegründete Partei «Volksfront» gerierte sich als «die Partei des Maidan,» und zahlreiche Kommandeure von Freiwilligenbataillonen und Leiter der «Antiterror-Operation» mit radikal antirussischen Positionen bekamen sichere Listenplätze. Danach stieg die «Volksfront» in den Umfragewerten und erhielt bei den Wahlen die meisten Stimmen, ganz knapp vor dem Wahlblock Poroschenkos.

Die Wahlbeteiligung bei den Parlamentswahlen lag bei gerade einmal 51 Prozent. Von den 450 Mandaten bleiben insgesamt 27 unvergeben (wegen der Krim, Donezk und Luhansk). Kern westlicher Berichterstattung war jedoch die nahezu triumphale Betonung der Tatsache, dass rechtsextreme Parteien wie der «Rechte Sektor» an der Fünfprozenthürde gescheitert seien und damit die russische Sorge vor einem neu aufflackernden Faschismus endgültig als Propaganda entlarvt worden sei.

Das ist – im wahrsten Sinne des Wortes – nur die halbe Wahrheit. Die eine Hälfte der Abgeordneten im ukrainischen Parlament wird nach Listen gewählt, die die jeweiligen Parteiführer ohne Beteiligung der Basis und der regionalen Organisationen zusammenstellen, die andere Hälfte als Direktkandidaten in den verschiedenen Wahlkreisen. Um direkt gewählt zu werden, muss man keiner Partei angehören, wird demzufolge auch von der Fünfprozenthürde nicht behindert. Die National-Radikalen unter Oleg Ljaschko, der es im Mai 2014 als Präsidentschaftskandidat mit acht Prozent der Stimmen immerhin auf Platz drei geschafft hat, haben die Fünfprozenthürde ohnehin mit etwa 7,5 Prozent überwunden und sitzen mit 25 Abgeordneten im Parlament. Ljaschko zeigt sich kampfbereit und kompromisslos gegen Oligarchen und Russen. Doch auch die rechtsnationale Partei «Swoboda», die zumindest antisemitische Wurzeln hat und die Fünfprozenthürde nur knapp (4,71 Prozent) verfehlte, ist nach der geschilderten Methode dennoch mit sechs Parlamentariern vertreten, allesamt prominente Aktivisten.

Der «Rechte Sektor», der sich bereits im Januar 2014 bewaffnete, um den Maidan zu verteidigen, wie es hieß, sich bis heute weigert die Waffen abzugeben und das Gewaltmonopol des Staates nicht anerkennt, erreichte lediglich 1,8 Prozent. Sein Anführer Dmitrij Jarosch wird dennoch im Parlament sitzen, nachdem ihn sein Wahlkreis (im Gebiet Dnipropetrowsk) mit knapp 30 Prozent gewählt hat. Fast die Hälfte der Direktmandate (48,48 Prozent, 96 Sitze) ging an unabhängige Kandidaten, über die man kaum etwas weiß. «Die Radikalisierung des Parlaments durch die Vielzahl der neuen Abgeordneten aus den Freiwilligenbataillonen und den populistischen Parteien von Lyashko [Ljaschko] und Hrytsenko (2. Listenplatz bei ‹Bürgerliche Position›, 2005–2007 Verteidigungsminister, d. Verf.) wird kaum eine außenpolitisch ‹gemäßigte› Mehrheit im Parlament zustande kommen lassen», so bewertet das Ina Kirsch van de Water, Osteuropa-Wissenschaftlerin und langjährige Mitarbeiterin des Europäischen Parlaments in einer Studie für die Friedrich-Ebert-Stiftung von Oktober 2014.

Obwohl der Wahlblock von Präsident Poroschenko wegen zahlreich gewonnener Mehrheitswahlkreise über eine größere Fraktion verfügt als die Partei Jazenjuks, konnte er sich politisch nicht durchsetzen. Poroschenkos Plan, seinen Vertrauten, den bisherigen Stellvertreter Jazenjuks Wolodymyr Groisman, zum Ministerpräsidenten zu machen und ihn mit der Regierungsbildung zu beauftragen, scheiterte. Stattdessen ist Jazenjuk auf seinem Posten geblieben. «Auf sanften Druck Washingtons», wie in der Schweizer Weltwoche zu lesen war.

Mit Poroschenko und Jazenjuk stehen sich zwei Politiker gegenüber, die eine diametral entgegengesetzte Strategie verfolgen. Überspitzt formuliert: Der eine steht für Frieden, der andere für Krieg. Und dass der persönlich und sportlich allseits geschätzte Witalij Klitschko, Bürgermeister von Kiew, am 12. November 2014 den rechtsradikalen ehemaligen Kommandeur des Freiwilligenbataillons «Asow», Wadim Trojan, zum Polizeichef der Region Kiew ernannte, kann einen auch nicht unbesorgt sein lassen. Das politische Klima in der Ukraine ist mehr als vergiftet, und das so genannte Lustrationsgesetz, das am 16. September im Parlament beschlossen wurde, bietet die rechtliche Handhabe, ausnahmslos alle Staatsbediensteten aus der Janukowitsch-Ära aus ihren Ämtern zu entfernen. Wie soll unter diesen Bedingungen eine Versöhnung aussehen?

Dass Jazenjuk US-amerikanische Unterstützung genießt, ist ein offenes Geheimnis. Nicht nur, weil Victoria Nuland, Staatssekretärin im US-Außenministerium, deren Ausspruch «Fuck the EU!» die Runde machte, im Februar in einem Telefonat gesagt hat: «Yats (Jazenjuk) ist unser Mann.»

Das Interesse der USA an diesem Teil der Welt liegt auf der Hand, spielt aber in der öffentlichen Diskussion kaum eine Rolle. Da wirkt das bereits beschriebene Angstpotential. Mit dem stigmatisierenden Begriff «Russlandversteher» belegt zu werden, ist schon schlimm genug. Aber es ist noch schlimmer, in einer Schublade zu landen, in der man sich in einer Reihe mit dubiosen Verschwörungstheoretikern und wahlweise rechts- oder linksextremen Antiamerikanisten wiederfindet. Es geht nicht um Verschwörungstheorien, es geht schlicht um «Wahrheit», um dieses große Wort zu benutzen. Nach meiner Erfahrung kommt man ihr am nächsten, wenn man erstens akzeptiert, sie nie ganz zu besitzen – es gibt nämlich nicht nur eine, wie sich täglich beobachten lässt –, und zweitens, wenn man versucht, Interessen auf den Grund zu gehen.

Das geopolitische Interesse der USA, nach wie vor in der Welt *die* entscheidende Rolle zu spielen und dafür alle Weichen zu stellen, ist offensichtlich und kommt deutlich zum Ausdruck, wenn ein amerikanischer Präsident in unsicheren Zeiten Russland als Regionalmacht bezeichnet. Eine prosperierende Zusammenarbeit zwischen EU und Russland steht jedenfalls nicht an erster Stelle US-amerikanischer Interessen. Die aus den USA mit moralischen Kategorien geforderte harte Sanktionspolitik löst kein einziges Problem, sondern verschärft die Lage, weil sich niemand ernsthaft darüber Gedanken gemacht hat, wie man ohne Gesichtsverlust aus der Eskalationsspirale wieder herauskommt. Den Schaden haben die Länder der EU – unterschiedlich stark ausgeprägt – und Russland.

Besondere wirtschaftliche Interessen der USA hängen mit der Fracking-Technologie zusammen, in der das Land führend ist. Sie beinhaltet die Chance, auf dem internationalen Gasmarkt Fuß zu fassen und Russland den Rang abzulaufen. Da stören langfristige Lieferverträge, aus denen man so ohne weiteres nicht herauskommt. Die Ukraine verfügt über große Mengen an Schiefergas, vom drittgrößten Vorkommen in Europa ist die Rede. Eines der beiden großen Gasfelder liegt in der Ostukraine. «Amerikanische Firmen brennen darauf», konnte man in einer Schweizer Wochenzeitung lesen, «diese von ihnen perfektionierte Fracking-Technologie auch in Europa zum Ein-

satz zu bringen, und in der Ukraine ist mit dem geringsten Widerstand zu rechnen.» Es hat von Anfang an viele
hochkarätige US-amerikanische Besuche in Kiew und auf
dem Maidan gegeben: der CIA-Direktor, Außenminister
John Kerry, Vizepräsident Joe Biden, der am 21. November
2014 auch zu den Jahrestagsfeiern wieder in die Ukraine
gereist ist. Muss man nicht stutzig werden – erst recht als
Journalist –, wenn im Umfeld der Maidan-Unruhen der
Sohn von Joe Biden zum Direktor einer Firma ernannt
wird, die auf Zypern ansässig ist, einem ukrainischen Oligarchen gehört und sich mit Gasgeschäften befasst?

Abgesehen von Gewinnaussichten durch Schiefergas
handelt es sich bei den in Frage stehenden Gebieten in der
Ostukraine um einen kostspieligen Sanierungsfall. Manche vergleichen die Dimension mit dem kombinierten
Strukturwandel von Alt-DDR und Ruhrgebiet. Das Donbass ist eben nicht das Dnjepr-Becken (auch in der Ostukraine, aber Kiew verbunden), in dem die Metallurgie
floriert, und auch die mit Russland kooperierenden Rüs-
tungsbetriebe in der Ukraine liegen nicht dort. Was also
ist das Interesse Russlands? Sich nach der Krim einen weiteren finanziell ruinösen Klotz ans Bein zu binden? Wohl
kaum.

Betrachten wir die einzelnen Punkte: Es widerspricht
dem Interesse Russlands, wenn seine wirtschaftlichen Beziehungen zur Ukraine durch ein Assoziierungsabkommen mit der EU Schaden nehmen. Dem Interesse Russlands widerspricht es ebenso eindeutig, wenn – schon gar
mit US-amerikanischer Hilfe – die Abhängigkeit der Ukraine von russischen Gaslieferungen reduziert oder gar
aufgehoben würde. Von sicherheitspolitischen Interessen

Russlands war bereits die Rede, weswegen die abgespaltene Krim so zügig in die Russische Föderation aufgenommen wurde. Es handelt sich jedoch um ein fatales Missverständnis, wenn in Politik und Medien gebetsmühlenartig wiederholt wird, die Krim sei lediglich die Initialzündung und Russland wolle sich nun weitere Gebiete, so auch die Ostukraine, einverleiben.

Woraus soll man das schließen? Es gibt nebulöse Verweise auf den herumgeisternden Begriff «Neurussland», aber alle offiziellen Äußerungen Putins zielen in Richtung einer Föderalisierung – übrigens von Anfang an und auch bei den Minsker Verhandlungen. Natürlich besteht ein russisches Interesse an einer Landverbindung zur Krim, aber die Rebellengebiete allein helfen da nicht weiter, wie ein Blick auf die Landkarte zeigt. Wie wahrscheinlich ist es, dass Putin einen Eroberungsfeldzug durch die Ukraine antritt? Zynisch formuliert: Da ist es doch sehr viel billiger eine Brücke zwischen russischem Festland und der Krim zu bauen. Die Planungen haben bereits begonnen und 2018 soll sie fertig sein.

Wer hat eigentlich ein Interesse an einer Fehlwahrnehmung von Putins Absichten? Ganz gleich von welcher Seite man sich dem «Problem» (Ost-)Ukraine nähert – unideologisch und nüchtern betrachtet läuft es immer wieder auf dasselbe hinaus. Außenpolitisch: Wäre Russland frühzeitig einbezogen worden, hätte es für den Krieg in der Ostukraine keine Grundlage gegeben. Innenpolitisch: Ernsthafte föderale Überlegungen hätten ihn ebenfalls vermeiden können, weil sie den Menschen in den östlichen (und südlichen) Landesteilen Sicherheit gegeben und eine Perspektive geboten hätten.

All das wurde versäumt. Versehentlich, wissentlich, absichtlich – was spielt das noch für eine Rolle. Statt sich international mit der Schadensbeseitigung zu beschäftigen, eingedenk der eigenen Verantwortlichkeiten für diese Katastrophe, wurden Sanktionen verhängt, über die Vizepräsident Joe Biden am 3. Oktober 2014 in einer launigen Rede sagte: «The Europeans didn't want to impose sanctions on Russia, we really had to embarrass them» (Die Europäer wollten keine Sanktionen gegen Russland, wir mussten sie wirklich dahin treiben). Verantwortungsvolle Außenpolitik sieht anders aus. Kann es im Interesse des Westens liegen, Russland zu destabilisieren, um auch dort einen der «erfolgreichen» Regimewechsel zu befördern? Glaubt wirklich jemand ernsthaft, dass in diesen Zeiten die Mehrheit der russischen Bevölkerung an einem westorientierten Nachfolger Putins interessiert sei?

Ausblick

«Es ist nicht Ziel unserer Sanktionen, Russland ökonomisch niederzuringen», so der deutsche Außenminister
Frank-Walter Steinmeier in einer Rede Ende November
2014, «das ist brandgefährlich. Ein destabilisiertes, gar
kollabierendes Russland ist am Ende für sich selbst und
andere die viel größere Gefahr.» Steinmeier hatte sich auf
die Bemerkung eines nicht näher bezeichneten europäischen Kollegen in Brüssel bezogen, der meinte: «Die Sanktionen funktionieren – der wirtschaftliche Schaden für
Russland ist immens – jetzt müssen wir weitermachen!»

Wie sollen «wir» mit Russland umgehen? Was ist unser
Interesse? Das deutsche, das europäische und das der westlichen Welt? Wenn wir auf die vielbeschworenen Grund-
werte unserer Außenpolitik Rücksicht nehmen – Völker-
verständigung, Frieden, Wohlstandsmehrung –, dann
müsste es lauten: Russland einbinden und gemeinsam so
gut es geht für Frieden sorgen. Rein theoretisch könnte
unser Interesse auch sein, die eigene Macht auszubauen,
die Voraussetzungen dafür zu schaffen, das alleinige Sagen zu haben und Länder klein zu halten, zu isolieren, «in
die Schranken zu weisen», die uns dabei in die Quere
kommen. Das würde sich natürlich nicht so ohne Weiteres
mit unseren Werten vertragen und ließe sich schlecht
kommunizieren. Denn gesellschaftlich akzeptiert wäre ein
solches Vorgehen zumindest hierzulande wohl nicht.

Wie also sollen wir mit Russland umgehen? Nach allem was 2014 rund um die Ukraine passiert ist, fällt die Antwort nicht leicht. Die Schwierigkeit besteht unter anderem darin, dass es auch schon in «normalen» Zeiten keine Strategie für eine Zusammenarbeit mit Russland gab und jetzt die Diskussion in Politik und Medien auf die Alternative reduziert wird «Nachgeben oder Härte zeigen». Und es gibt noch ein Problem: Kein anderes Land als Russland haben «wir» mit Blick auf die Innenpolitik in den letzten zwanzig, fünfundzwanzig Jahren so gnadenlos nur durch unsere eigene Brille beurteilt. Als Journalist und als Privatperson habe ich gelernt, dass ich ein Land nur verstehen kann, wenn ich mich auf es einlasse. Ich muss nichts von dem, was mir begegnet, akzeptieren, ich muss es nicht mitmachen oder gar gutheißen, aber ich muss versuchen mitzukriegen, was in diesem Land läuft, oder salopp formuliert: wie die Gesellschaft tickt. Dann habe ich eine Chance zu verstehen, warum politische Entscheidungen so sind, wie sie sind, und kann mich in meinem eigenen politischen Handeln darauf einstellen.

Eine gute Außenpolitik zeichnet sich dadurch aus, dass beide Seiten von ihr profitieren, dass man seine Partner ernst nimmt und sich nicht der Illusion hingibt, diese auf Dauer ignorieren oder schlecht behandeln zu können – das rächt sich irgendwann –, und dass man sich über Interessen verständigt. Genau da lauert ein Problem, über das viel intensiver debattiert und berichtet werden müsste, statt es zu tabuisieren aus lauter Sorge, man könne falsch verstanden werden. Es scheint mir existenziell wichtig, die Interessen beim Namen zu nennen und ihnen nicht humanitäre Deckmäntelchen umzuhängen, damit sie besser aussehen.

Die Felder, auf denen sich Außenpolitik zwischen zwei Seiten, also bilateral, abspielt, werden immer weniger. Das macht sie komplizierter und intransparenter, da diverse Interessen zusammengebunden werden müssen. Etwas, das sich schon im Privatbereich sehr schädlich auswirken kann, der Druck der Gruppe, hat auf internationaler Bühne das Potential zur Katastrophe. Konrad Adenauer, der erste Kanzler der Bundesrepublik Deutschland, dem man wahrlich keine Amerikafeindlichkeit unterstellen kann, ist ein Beispiel dafür, dass es möglich ist, sich einem solchen Gruppendruck zumindest zeitweise zu entziehen und dennoch politisch zu überleben. Wobei – das will ich nicht unterschlagen – das mediale Umfeld damals ein völlig anderes war als heute. Dennoch: Seine Friedenssehnsucht und sein Pragmatismus («Watt kümmert misch mein dummet Jeschwätz von jestern, wenn isch ett heut besser weiß.») ließen ihn gegen alle Widerstände, und das waren nicht wenige, 1955 zu seiner politisch und menschlich bedeutsamen Reise nach Moskau aufbrechen, um sich dort um das Schicksal deutscher Kriegsgefangener zu kümmern, die immer noch in sowjetischen Lagern saßen. Es gelang ihm, sie nach Hause zu holen. Der Bundeskanzler nahm zwar Rücksicht auf westliche Befindlichkeiten, die mit den Namen Rapallo und Hitler-Stalin-Pakt verbunden waren, aber er ließ sich in einer solch wichtigen Angelegenheit nicht an die Leine legen.

Wenn sich Willy Brandt und Egon Bahr dem Druck der Gruppe gebeugt hätten, der sich sowohl innenpolitisch als auch aus dem Ausland kommend aufbaute, hätte es keine Entspannungspolitik gegeben. Die Formel «Wandel durch Annäherung» wird heute vielfach belächelt. Manche loben den Druck, der durch den NATO-Doppelbeschluss auf die Sowjetunion ausgeübt wurde und fordern Unnachgiebigkeit im Stile des amerikanischen Präsidenten Ronald Reagan, der die Sowjetunion das «Reich des Bösen» nannte. Moskau verstehe nur diese Sprache, heißt es jovial. Sind derartige Hochrisikostrategien in heutiger Zeit für eine Außenpolitik noch tragbar, die für sich reklamiert verantwortungsvoll zu agieren? Brandt und Bahr haben jahrelang an der Weichenstellung gearbeitet, die letztlich zum Erfolg geführt hat: Heraus aus der Konfrontation und hin zu der Erkenntnis, dass es trotz aller Systemunterschiede gemeinsame Interessen gibt. An erster Stelle die Friedenssicherung im Angesicht der atomaren Bedrohung; dann humanitäre Erleichterungen und schließlich gegenseitiges Akzeptieren des Status quo, sowohl territorial als auch machtpolitisch.

An allen Ecken und Enden brennt es heute: in der Ukraine, im Irak und in Syrien, in Afghanistan, im Nahen Osten. Wäre es nicht intelligent, Russland ernsthaft an den Überlegungen zu beteiligen, wie Lösungen aussehen könnten und wie Fehlentwicklungen zu begegnen wäre? Wenn wir die Verpflichtung auf unsere eigenen Werte ernst nehmen, dann muss es in unserem ureigenen Interesse liegen, mit Russland gemeinsam eine Welt zu schaffen, in der es möglichst gerecht zugeht. Bill Clinton hat einmal gesagt: «Wir Amerikaner sollten an einer Weltordnung mitbauen, in der wir uns auch dann noch wohl fühlen, wenn wir einmal nicht mehr das alleinige Sagen haben.»

Mit Blick auf die Sackgasse, in die sich der Westen ohne Not gebracht hat: Es wäre so einfach gewesen, *ge-*

meinsam an einer neuen Weltordnung zu bauen. «Putin will die Sowjetunion wiedererstehen lassen», heißt der Reflex. Von Putins imperialen Machtgelüsten ist die Rede, von einem drohenden Griff nach den baltischen Staaten. Ist das wirklich so? Das liegt definitiv nicht im Interesse Russlands. Der Westen hat von Anfang an nicht verstanden – oder verstehen wollen –, dass russische Überlegungen zu einer Eurasischen Union nichts, aber auch gar nichts mit der Wiederherstellung einer wie auch immer gearteten Sowjetunion zu tun haben. Aber mit dieser Unterstellung lässt sich Politik machen. Eine nüchterne Analyse der politischen Gegebenheiten in Russland läuft darauf hinaus, dass vor allem die folgenden Dinge im Interesse Russlands sind: Ruhe im Inneren und an den Grenzen, um den komplizierten Umgestaltungsprozess, der längst nicht abgeschlossen ist, weiterzuführen. Austausch und Zusammenarbeit mit dem Ausland, um sich weiter zu entwickeln. Akzeptanz und Sicherheitsgarantien des Westens, um sich auf die inneren Aufgaben konzentrieren zu können. Eine destabilisierte Ukraine liegt ganz sicher nicht im Interesse Russlands. Eine vom Westen und der NATO genutzte Krim aber natürlich auch nicht. Wären russische Interessen frühzeitig ernst genommen worden und hätte man sich für die kooperative statt für die konfrontative Variante entschieden, es hätte keine getöteten, verletzten, traumatisierten, ruinierten und geflohenen Menschen gegeben und – wer weiß – vielleicht wäre eine föderal strukturierte Ukraine als nachahmenswertes Beispiel in die Geschichte eingegangen statt als Spielball zwischen West und Ost.

Ich will wahrlich nicht der Geheimdiplomatie das

Wort reden – wie käme ich dazu, schon gar in meinem Beruf –, aber ich möchte doch zu bedenken geben, dass politische Lösungen hin und wieder dadurch verhindert oder zumindest erschwert werden, dass in den sensiblen Stadien von denkbaren Möglichkeiten jeder Halbsatz, der nach außen dringt, zerpflückt und zerredet wird. Und dann plötzlich solche sachfremden Dinge wie Gesichtsverlust oder Machtkampf eine Rolle spielen. Anders ausgedrückt: Politischer Fortschritt im Sinne von Ergebnissen, von Lösungen, unterbleibt, weil eine unheilige Allianz zwischen profilsüchtigen Politikern und ebensolchen Journalisten Halbwahrheiten verbreitet, die dem Zeitgeist entgegenkommen.

Es klingt wie ein Stoßgebet – das Motto indianischen Ursprungs, das mir bei meiner Arbeit immer sehr geholfen hat: Großer Geist, also Manitu, gib, dass ich meinen Nachbarn nicht eher tadle, als ich eine Meile in seinen Mokassins gewandert bin! Mit anderen Worten: ehe ich ernsthaft versucht habe, mich in seinen Alltag, in seine Realität hineinzudenken. Die Kritik fällt anders aus, wenn man sich in die Lage desjenigen versetzt, den man kritisiert. Deswegen muss man nicht alles akzeptieren. Aber man muss es verstehen und einordnen können, wenn man urteilen will. Darin unterscheidet sich die Aufgabe von Journalisten, die über deutsch-russische Beziehungen berichten und sie kommentieren, überhaupt nicht von denjenigen, die diese Beziehungen gestalten, etwa den Politikern und Diplomaten, und von denjenigen, die an diesen Beziehungen mitarbeiten, etwa den Wirtschaftsleuten. Dafür benötigen alle genannten Gruppen die gleichen Voraussetzungen. Allerdings haben es

Politiker, Diplomaten und Wirtschaftsleute ungleich schwerer als Journalisten, denn sie müssen auch noch richtig entscheiden und handeln. Das müssen Journalisten nicht. Die Chancen, richtig – im Sinne von vernünftig, friedenssichernd und wohlstandsmehrend – zu agieren, steigen natürlich in dem Maße, in dem man die Grundlage, auf der man handelt, versteht.

Es ist eine moralisch-historische Verpflichtung, wir sind es unseren Kindern schuldig, dass sich unsere politischen Entscheidungen an der Erhaltung des Friedens orientieren und niemals an parteipolitischer Profilierung und/oder langlebigen Klischees. *Die* gilt es zu entlarven, notfalls gegen all das, was als politisch korrekt gilt. An diesem Punkt kann nahezu jeder Einzelne seinen Beitrag leisten. Es ist im ureigenen Interesse der EU, Russland als Partner zu haben. Wer diese Chance vertut, riskiert, dass Europa im Machtkampf künftiger Großmächte zerrieben wird.

Anhang

Wie es auch hätte laufen können – ein Sendekonzept aus den neunziger Jahren

Auf einer deutsch-russischen Konferenz Ende der neunziger Jahre bekam ich am Rande eine politische Peinlichkeit mit. Michail Gorbatschow sollte um den 3. Oktober herum nach Bremen eingeladen werden, aber wegen des Feiertags zur Deutschen Einheit fragte man sicherheitshalber im Kanzleramt nach, ob der 3. Oktober selbst nicht sinnvollerweise frei gehalten werden sollte, damit der ehemalige sowjetische Präsident an offiziellen Terminen würde teilnehmen können. Die Antwort lautete: ja, bitte freihalten. Und dann kam plötzlich doch die Nachricht: Eine Teilnahme Gorbatschows sei nicht vorgesehen. Der Hintergrund: Man hatte Sorge, der aktuelle russische Präsident Jelzin könne eine solche Einladung als Affront auffassen. Schließlich war Gorbatschow bei ihm in Ungnade gefallen, und Jelzin ließ keine Gelegenheit aus, seinen vermeintlichen politischen Gegner im eigenen Land herabzuwürdigen. Auf diese Weise setzte sich die Demütigung Gorbatschows ausgerechnet in Deutschland fort, das seine Vereinigung in erster Linie der Politik dieses Mannes zu verdanken hatte. In Windeseile wurde ein Alternativprogramm in Leipzig zusammengezimmert, aber die Verletzung war gewaltig.

Es war auf besagter Veranstaltung, wo auch ein bekannter Fernsehjournalist einer öffentlich-rechtlichen Anstalt auftauchte und sich von einem Konferenzteilnehmer fragen lassen musste, wo er denn die Kamera gelassen habe, um zu berichten. Die launige Reaktion: Haben Sie mal an die

Einschaltquote gedacht? Wer soll denn das gucken? Der Fra-
ger reagierte empört: Die öffentlich-rechtlichen Anstalten
hätten schließlich eine besondere Verantwortung und einen
gesetzlichen Auftrag. Er erinnerte an die Gebührenfinanzie-
rung.

Das Thema «umfassende Berichterstattung aus Russland
über Russland» spielte dann im weiteren Verlauf auch in grö-
ßerer Runde eine Rolle. Schon seit Längerem hatte ich darüber nachgedacht, wie das auf informative und unterhaltsame
Weise in regelmäßigen Abständen gelingen könnte, um sowohl Gemeinsamkeiten als auch Unterschiede im jeweiligen
Alltag zu veranschaulichen, damit politische Entscheidungen
besser eingeordnet und die Risiken für Missverständnisse ver-
ringert werden könnten. So etwas sei längst überfällig, war zu
hören, und der Intendant einer öffentlich-rechtlichen Sen-
deanstalt, der bei dieser Konferenz ebenfalls anwesend war,
zeigte Interesse. Wir verabredeten uns kurzfristig und er
nahm sich bemerkenswert viel Zeit, um sich meine Argumentation über die Wichtigkeit einer solchen Sendung anzuhö-
ren. Ich verließ sein Büro mit der Aufforderung, konkrete Vorschläge zu machen und sie dann mit dem zuständigen
Chefredakteur zu besprechen. Also habe ich zusammen mit
einem Kollegen ein Konzept entwickelt, um in abwechslungs-
reicher Form ein differenziertes Russlandbild zu zeichnen.
Unsere Sorge war auch damals schon groß, dass fehlende Informationen und falsche Vorstellungen gefährliche politische
Konsequenzen haben könnten. Der Kosovo-Krieg hatte gerade das Anschauungsmaterial dafür geliefert.

Wir planten ein moderiertes Magazin über Russland und
Länder der ehemaligen Sowjetunion, 60 oder 45 Minuten lang
und einmal im Monat auf einem «ordentlichen» Sendeplatz.
Nuancen und Grautöne bei den vielschichtigen Veränderungen seit dem Zusammenbruch der Sowjetunion, statt
Schwarz-Weiß-Malerei. Als denkbare Elemente dieser Sendung
hatten wir Folgendes aufgelistet: Reportagen und Porträts, die

den Alltag beleuchten, vor allem aus der neu entstehenden Mittelschicht; Übernahmen von russischen Fernsehsendern mit dem Fokus auf der Frage: Wie sehen die Russen die Deutschen; Studiogäste, denn es waren ständig irgendwelche interessante Russen aus Politik, Wirtschaft, Kultur und Sport in Deutschland unterwegs; eine Art «Zeitzeichen», diese wunderbare Erfindung eines Hörfunkkollegen beim WDR in den sechziger Jahren, um an runden Jahrestagen historische Ereignisse lebendig zu machen; ganz wichtig: bestehende Netzwerke auf beiden Seiten vorstellen und nutzen.

Uns schwebte auch eine Serviceleiste vor mit Reisetipps, Mini-Sprachkurs, Rezepten und Veranstaltungskalender. Und wir legten damals schon, also 1999, Wert auf Zuschauerbeteiligung in Form von Fax, Email, Internet. Ein Ratespiel war vorgesehen, ein Club, der Reisen organisiert, zum Beispiel Einkaufstouren bei russischen Designern. Nachrichtenblock, Presseschau und Kommentierung aktueller Ereignisse durften natürlich auch nicht fehlen. Klar, dass sich so eine Sendung nicht aus der Portokasse finanziert. Aber wenn man diese Art von umfassender Information als demokratischen Beitrag zu aktiver Friedenspolitik begreift, bekommt die Investition einen anderen Stellenwert. Das Konzept stieß grundsätzlich auf Interesse, und es waren nicht einmal die Kosten, die die Verantwortlichen schreckten, sondern die Frage, ob «sowas» überhaupt tragen würde. Mit anderen Worten: Was wollen sie denn um Himmels Willen jeden Monat senden, da gehen uns doch ganz schnell die Themen aus. Also entwickelten wir einen Rahmenplan für vier aufeinanderfolgende Sendungen in den Monaten Mai, Juni, Juli und September 1999. Den August haben wir dem allgemeinen Schema folgend als Sommerpause ausgespart.

Mai 1999: Im *Schwerpunkt* wollten wir uns mit Berichten und einem Kommentar dem Thema Kosovo widmen und dazu offizielle und inoffizielle Standpunkte aus Moskau einholen. Im

Nachrichtenblock boten sich Themen an wie: Waldbrände in Westsibirien, Unruhen in Tadschikistan und dass die Ukraine den Europarat bittet, ausnahmsweise ein Todesurteil vollstrecken zu dürfen. Es handelte sich um einen Massenmörder, dem mehr als fünfzig Morde zur Last gelegt wurden. Der *Metropolen-Report* konnte sich um Wladiwostok kümmern, wo es einem neuen Gouverneur innerhalb kürzester Zeit gelungen war, die Kriminalitätsrate drastisch zu senken. Wir wollten wissen, wie er das macht. Im Service standen neben den üblichen Veranstaltungshinweisen Reisetipps für Georgien auf dem Programm. Bei der Gelegenheit konnte man auch der Frage nachgehen: Was macht eigentlich Eduard Schewardnadse, der ehemalige sowjetische Außenminister, der zusammen mit Hans-Dietrich Genscher als Architekt der deutschen Vereinigung gilt.

Juni 1999: Der *Schwerpunkt* lag diesmal auf der Ukraine. Anlass war eine Diskussion im Deutschen Bundestag wegen der EU-Kredite für den Bau zweier Atomkraftwerke. Da bei Ukraine und Atomkraft sofort der Super-Gau in Tschernobyl ins Gedächtnis springt, wollten wir unter anderem folgenden Fragen nachgehen: Wie steht es mit der Sicherheit? Reicht die Stromproduktion aus anderen Quellen? Welche deutschen Firmen sind engagiert? Im *Nachrichtenblock* äußerte sich der russische Premierminister Stepaschin zu finanzieller und humanitärer Hilfe für Jugoslawien: «Wir müssen alles tun, damit Jugoslawien seinen Platz in der demokratischen Völkergemeinschaft annimmt.» Wir hatten Umfrageergebnisse zu den russischen Präsidentschaftskandidaten für die Wahl 2000 und Reaktionen aus Russland zum G8-Gipfel in Köln. Statt des *Metropolen-Report* gab es diesmal in der Rubrik *Standpunkt GUS* (Gemeinschaft unabhängiger Staaten) Neues aus der Raumfahrt: Die Chrunitschew-Werke entwickeln eine Trägerrakete als Nachfolgerin von «Energija». Dazu deutsche Astronauten, europäische und amerikanische Kooperationen mit Russland und das Thema «knallharter Wettbewerb» im Weltraum. Als *Zeitzeichen* bot sich ein Blick auf die 68er an, auf die Beatniks (von engl.: beat) und Sputniks, Jugendbewegungen in der Sowjetunion parallel zu denen im Westen. Und als *Service* hatten wir an Camping im Kaliningrader Gebiet (Königsberg) gedacht.

Juli 1999: Der *Schwerpunkt* war klar: das Moskauer Internationale Filmfestival. Wir planten ein Porträt von Nikita Michalkow, dessen neuer Film «Barbier von Sibirien» in Russland den Erfolg von «Titanic» überbot. Mögliches Gesprächsthema: Entsteht da gerade eine neue russische Identität und wenn ja, welche? Der *Nachrichtenblock* brachte die Meldung, dass Georgien und Abchasien ein Friedensabkommen schließen und erste georgische Flüchtlinge zurückkehren und dass es in Aserbaidschan zum ersten Mal seit zehn Jahren wieder Wirtschaftswachstum gibt. Baku, als Boom-Town am Kaspischen Meer. Warum nicht auch einmal humorvoll *Der Russe an sich*? Wir hatten eine pseudo-wissenschaftliche Untersuchung zum Thema Samowar und Wodka im Blick, die der Frage nachging, ob «der Russe» mehr Tee oder mehr Wodka trinkt. Im *Service* wollten wir Urlaub in der Zarenbucht vorstellen und Informationen über Ferien auf der Krim geben.

September 1999: Nach der Sommerpause lag der *Schwerpunkt* auf der Wirtschaft. Wir fragten: Ein Jahr nach dem Finanzcrash – was hat sich geändert? Im Nachrichtenblock meldeten wir, dass Russland die Kurileninseln zur Freihandelszone erklärt und befassten uns mit Umfrageergebnissen zu den Präsidentschaftswahlen in der Ukraine, die im Oktober anstanden. Der *Standpunkt GUS* ist aus heutiger Sicht noch bemerkenswerter als damals, deshalb im Original zitiert: *Gemeinsames russisch-ukrainisches Projekt (selten!): «AN-70», das weltweit größte Transportflugzeug macht ersten Testflug. In der Endphase sind auch europäische Firmen mit eingestiegen.* In *Kultur* stand so was wie *Love-Parade in Berlin* auf dem Programm, aber in Kasantip in der Ukraine, und zwar veranstaltet auf dem Gelände der Bauruine eines Atomkraftwerks. Wir hatten in Klammern vermerkt *Gibt auch Vergleichbares in Russland*. Der *Service* befasste sich mit der Transsibirischen Eisenbahn unter dem Titel «Tipps für Abenteuerwillige».

Um die Bedenken vollends zu entkräften, nicht genug Interessantes zum Senden zu haben, machten wir nach Themen sortiert weitere Vorschläge.

Russisches Fernsehen   Welche Sender und Programme gibt es, wer steht dahinter und wie wird gearbeitet? Was bedeutet die rasante Entwicklung von einem einzigen Staatsfernseh-Kanal zu zig Anbietern? Wer sind die populären Fernsehmacher? Und gibt es eine Quotendiskussion?

Raumfahrt   Von der Geschichte der russischen Raumfahrt (*Zeitzeichen*) über die neue Startrampe in Belorezk und Russlands Beitrag zur internationalen Raumstation ISS bis zum Alltag im Sternenstädtchen, in dem man das Leben der Kosmonauten beobachten kann.

Militär   Wie sieht es mit der strategischen Stärke und Einsatzbereitschaft aus? Neues aus der Rüstungsindustrie. Ein Besuch bei der Akademie für Fallschirmjäger in Brjansk und schließlich: Wer wählt wie? Da gab es Umfragen anlässlich der bevorstehenden Parlaments- und Präsidentschaftswahlen.

Regionalthemen   Es war uns ein besonderes Anliegen, nicht ständig den Fokus auf Moskau und St. Petersburg zu legen, sondern zu zeigen, wie vielfältig die Regionen sind. Welches sind die «armen» und welches die «reichen» Landesteile und warum? Wir fanden, es lohne sich, die erfolgreichen Pragmatiker unter den Gouverneuren vorzustellen. Was machen die besser als andere? Man konnte zeigen, dass deren ideologische Ausrichtung nicht das entscheidende Kriterium war. Von heute aus betrachtet haben die folgenden Themen eine traurige Aktualität: Wir wollten vergessene Regionalkriege wieder ins Gedächtnis rufen, weil sich an deren Ursachen nichts geändert hatte und sie jederzeit wieder aufflammen konnten. Wir hatten *Moldawien – terra incognita* auf der Liste und die Forderung nach Unabhängigkeit der Krim durch die Krimtataren.

Wirtschaft   Aus dem reichhaltigen Fundus nur eine Auswahl: Welche deutschen Unternehmen produzieren wo mit welchem Erfolg? Dazu ist zu sagen, dass gerade dieses Thema aus Konkurrenzgründen sehr schwer zu realisieren gewesen wäre. Diejenigen, die sich in Russland gut etablieren konnten, hatten kein Interesse daran, andere von ihren Erfahrungen profitieren zu lassen. Einfacher war es mit dem Ansatz «wie der Vater so der Sohn», also bei Unternehmen, die bereits in den zwanziger, dreißiger Jahren des vorigen Jahrhunderts in der Sowjetunion aktiv waren und auch jetzt wieder an erster Stelle mitmischten. Die Bandbreite war enorm: von überschaubar klein bis milliardenschwer. Spannendes tat sich in der Computer-Szene, vor allem, wenn man einen Blick auf Existenzgründer im deutsch-russischen Vergleich warf. Und schließlich eine Serie über Geschäftsideen junger russischer Unternehmer.

Jugend   Die kam im Programm eigentlich immer zu kurz. Welche Gruppierungen gibt es? Was wird gehört, gelesen, gesehen? Welche Rolle spielen Politik, Wohlstand, Familie, Beruf, Religion etc. in der Vorstellung junger Menschen?

Ausbildung   Wie leben eigentlich Studenten in Russland? Was bieten die Privatschulen, die überall aus dem Boden schießen? Wer schickt seine Kinder wohin? Was ist mit internationalem Austausch? Welche Rolle spielt der in Deutschland? Was ist mit dem Verhältnis von Russen, die in Deutschland lernen und Deutschen an russischen Ausbildungsstätten? Welches ist die größere Gruppe?

Frauen   Wie steht es mit der Gleichberechtigung? Gibt es einen russischen Feminismus? Eine Serie über erfolgreiche Geschäftsfrauen. Spielen Frauen in der Politik eine Rolle?

Kultur   Unsere Liste interessanter Kulturthemen war schier endlos. Allein die «Szene» in den verschiedenen Metropolen – auch Städte wie Jekatarinburg und Novosibirsk sind Metropolen – und Ähnliches in der Provinz konnte als Füllhorn dienen. Auch der damals neue Trend, Kultur als «Incentive» für die Belegschaft russischer Firmen, ließ sich bildmächtig darstellen. Karikaturen in der Sowjetunion und heute oder die Geschichte des russischen Witzes (anekdot). Was macht die Filmindustrie? Was hat es mit der destruktiven Stagnation als Literaturtrend auf sich? Wie arbeiten junge Künstler mit staatlichen Museen zusammen? Die «Neue Akademie» zwischen antiken Ideen und Sarkasmus. Und warum nicht auch ein Blick auf wechselseitige Beutekunst?

Wissenschaft   Kurz und knapp: Wer lernt von wem? Alles andere als eine Einbahnstraße.

Medizin   Zur Kur in den Kaukasus oder «Zur Gliedmaßenverlängerung auf die Krim» – ich wollte es nicht glauben, bis ich selbst in Augenschein nehmen konnte, wie Menschen mit zu kurzen oder unterschiedlich langen Beinen oder Armen durch eine eigens entwickelte Methode geholfen wurde und Ärzte aus westeuropäischen Ländern zur Fortbildung anreisten, weil die Komplikationsrate bei der angewandten Technik so verschwindend gering war.

Mode und Life-Style   Der einzige Modezar zu sowjetischen Zeiten, Slawa Saizew, machte immer noch von sich reden, hatte jetzt aber zahlreiche Konkurrenz. Russische Designer, ihre Produkte und ihre Kunden. Dafür hätten sich bestimmt viele interessiert, wenn sie denn gewusst hätten, dass in Russland etwas Derartiges überhaupt existiert. Dienstleistungen: Aus der Servicewüste zu Sowjetzeiten ist – zumindest in den Metropolen – ein Paradies für die verrücktesten Dienstleistungen geworden. Uns schwebte ein Vergleich zwischen den USA und Russland vor. Man hätte die Zuschauer vielleicht auch raten lassen können, in welchem Teil der Erde die jeweilige Dienstleistung angeboten wurde.

Land und Leute Im ursprünglichen Sinne: ein weites Feld. Es boten sich Porträts von Provinzstädtchen aller Art an, zum Beispiel Novyj Urengoj, eine Stadt auf Sand gebaut, mitten in der Tundra, wegen der gewaltigen Erdgasvorkommen. Aber natürlich auch verschiedenste Bräuche zu Weihnachten, Ostern oder sonstigen Festen und rund ums Essen und Trinken.

Tourismus Wandern in Westsibirien, Flusskreuzfahrten, Sportfliegerei im Kaukasus, Theater- und sonstige Festivals, um nur eine kleine Auswahl zu nennen. Und auf der anderen Seite die Frage, wo machen Russen Auslandsurlaub? Türkei, Ägypten, Zypern, Arabische Emirate, Kanaren etc. Wer sind die besten Anbieter für Russlandreisen? Welche kleinen privaten Fluglinien in Russland bieten internationalen Standard? Aber auch solche Themen: Wo sind welche Kriegsgräber und wer gibt Auskunft über Vermisste aus dem Zweiten Weltkrieg?

Religion Die russisch-orthodoxe Kirche im In- und Ausland und ihre Machtkämpfe, die Aktivitäten von evangelischer und katholischer Kirche in Russland, welche Rolle spielen welche Sekten? Und wie wird die Kirche von der russischen Politik instrumentalisiert?

Geschichte Emigrationswellen nach dem Bürgerkrieg: Krim – Istanbul – Berlin – Paris und ein Blick auf Alaska, wo es wieder enge Verbindungen zwischen Eskimos und Tschuktschen gibt.

Unter Verschiedenes konnten wir gar kein Ende finden. Innenansichten des KGB bzw. FSB (1995 umbenannt). Nach meinem Fernsehfilm «KGB – Verbrechen und Glasnost», der 1990 entstand, wollte ich wissen, wie weit bzw. nah man Ende der neunziger Jahre kommen würde. «Tbilissi – Jerusalem in Georgien» unter diesem Titel sollte ein Stadtviertel in der georgischen Hauptstadt porträtiert werden, in dem Menschen aus drei Religionen nebeneinander leben. Exklusive Nachtclubs in Moskau und St. Petersburg standen auch auf der Liste. Funktionierende Städtepartnerschaften mit der Frage, warum sie beiden Seiten gut tun und was sie anders machen als diejenigen, die als Karteileichen ihr Dasein fristen. Zum Ersatzdienst nach Russland – da konnte man jemanden begleiten. Reichtum und Macht – unter diesem Stichwort wollten wir versuchen, typische Biografien einflussreicher Russen nachzuzeichnen. Wir hatten einen im Blick: vom Komsomolzen über den Wodka-Spekulanten bis zum Dollarmillionär. Auf das ungenutzte Potential der Russlanddeutschen wollten wir auch eingehen. Und dann so kleine Feinheiten thematisieren: Eine deutsche Zeitung titelte am 12. Juni «Russland kann wieder nicht zahlen», eine andere «Russland will Schulden tilgen».

Wie schon erwähnt, wollten wir das Internet nutzen, unter anderem zur Vorschau auf kommende Themen und natürlich für Kommentare und Anregungen der Zuschauer. Wir hatten sogar so etwas Ähnliches wie den «Fakten-Check» der ARD Talkshow «hart aber fair» im Sinn, denn wir wollten Quellen und Daten zu gesendeten Beiträgen anbieten. Ebenso waren Diskussionsforen zu ausgewählten Themen geplant.

Was vielleicht am Rande noch wichtig ist zu erwähnen: Ich selbst wollte all das nicht realisieren, nur anstoßen. Es hätte nicht in mein Leben gepasst, diese Aufgabe zu übernehmen. Aber geholfen hätte ich gerne dabei, wenn es denn realisiert worden wäre. Im Grunde halte ich das Prinzip einer solchen Informationsschiene nach wie vor für eine gute Idee, um platten Freund-Feind-Bildern etwas Substantielles entgegenzusetzen. Gerade in einer Zeit, in der sich eine neue Ost-West-Teilung andeutet, in der ukrainische Politiker, die sich doch angeblich der Demokratie und rechtsstaatlichen Prinzipien so verpflichtet fühlen, von Mauern und Gräben oder strombewährten Zäunen reden, wären öffentlich-rechtliche Sender mit ihrer gesetzlich verankerten Verpflichtung genau die richtige Adresse, sich Gedanken zu machen, wie man aus der Sackgasse herauskommt, in der wir nicht nur politisch, sondern auch medial stecken.